다른 게
나쁜 건
아니잖아요

바람이 몹시 부는 겨울날, 경기도 광주의 한 버스 정류장에서 주용이와 은선이가 버스를 기다리고 있다. 머리가 하얗게 센 아빠 최승렬 씨가 남매 곁을 지킨다. 새 학기가 시작되면 중학교 2학년과 초등학교 6학년이 될 아이들이지만, 아빠는 마음이 놓이지 않아 버스를 타고 가는 길을 늘 이렇게 동행한다.

Prologue
은선이의 눈물

한 시간이나 걸려 도착한 곳은 무료 공부방이다. 겨울방학 내내 일주일에 세 번씩, 아이들이 공부방에 가는 날이면 아빠는 한 번도 거르지 않고 아이들과 함께했다. 공부방에 도착해서는 행여 아이들 공부에 방해가 될까 봐 구석에 자리를 잡는다.

형편이 여의치 않아 학원에 갈 수 없었던 아이들이 이렇게 무료 공부방에서 학습지도를 받을 수 있다는 사실이 최승렬 씨는 참으로 고맙고 다행스럽다. 그는 공부방 한 구석에 앉아 아이들이 공부를 하는 두 시간 동안 있는 듯 없는 듯 묵묵히 자리를 지킨다. 이제는 공부방 선생님들도 그 풍경이 익숙하다. 하지만 처음에는 공부방에 올 때마다 매번 아이들과 동행하는 최승렬 씨의 지극정성에 많이 놀랐다고 한다. 특히 최승렬 씨가 얼마 전 뇌수술을 받은 후유증으로 몸이 불편하다는 사실을 알고는 그 놀라움이 더욱 컸다.

"이렇게 정성껏 보살펴 주시는 부모님이 있기 때문에 아이들이 이렇게 명랑하지 않나 싶어요."

주용이와 은선이의 학습지도를 해 주는 공부방 선생님은 아이들이 대견한 듯 엷은 미소를 지었다.

이 세상의 어느 아빠가 자기 자식을 끔찍이 여기지 않을까? 하지만 최승렬 씨에게 주용이와 은선이는 더욱 애틋하다. 혼기를 놓친 노총각 신세였던 그가 마흔이 되어서야 결혼해 얻은 소중한 아이들이기

때문이다.

공부방의 수업이 끝난 뒤 다시 한 시간을 달려 집으로 돌아왔다. 남매와 아빠를 엄마가 반겨 맞는다. 최승렬 씨에게 가족이라는 선물을 안겨 준 엄마의 이름은 하네다 세이코. 엄마는 일본에서 시집온 일본 사람이다.

은선이는 오빠 주용이와 사이가 무척 좋은 모양이다. 가방을 내려놓기 무섭게 은선이와 주용이가 딱지 넘기기 게임을 하며 즐거워한다. 아이들이 노는 모습을 최승렬 씨와 세이코 씨가 흐뭇한 표정으로 지켜보고 있다.

2011년 현재 우리나라에서 이루어지는 전체 혼인의 11%가 국제혼인이다. 결혼을 하는 10쌍 가운데 1쌍 이상이 국제결혼을 하고 있다는 말이다. 다문화가정이 이처럼 빠른 속도로 늘어나고 있지만, 다문화를 받아들이는 한국인의 의식은 그 속도를 따라가지 못하고 있다. 그러다 보니 한국사회가 다문화사회로 진입하고 있다는 사실에 당혹감을 감추지 못하는 사람도 많다. 이것은 비단 어른들만의 문제가 아니다. 생김새가 다르고 피부색이 다른 부모 사이에서 태어난 다문화가정의 아이들은 학교에 다니면서 상처를 입는 경우가 많다고 한다. 혹시 은선이와 주용이에게도 그런 일이 없었을까? 그래서 물었다.

"특히 초등학교 저학년일 때는 아이들이 많이들 상처를 입는다고 하던데, 아이들이 자라면서 큰 문제는 없었나요?"

아빠와 엄마는 그런 일은 별로 느낀 적이 없다고 대답했다. 은선이네가 다문화가정이기는 하지만, 엄마가 우리와 생김새가 비슷한 일본 사람이기 때문에 일부러 밝히지만 않는다면 겉으로 전혀 드러나지 않는다. 그래서 아이들이 큰 굴곡 없이 밝게 자라 왔다고 엄마 아빠는 굳게 믿고 있었다.

그런데 은선이가 취재진 앞에서 불쑥 그동안 감추어 왔던 이야기를 꺼냈다.

"너는 엄마가 왜 일본 사람이냐고……."

학교 친구들이 은선이 엄마가 일본 사람인 것을 두고 트집을 잡았던 모양이다. 안 좋은 기억이 마음을 불편하게 만든 듯, 은선이의 표정이 금세 어두워진다.

"그래서 은선이는 뭐라 그랬어요?"

취재진이 묻자, 은선이는 기어드는 목소리로 "모른다고……."라고 우물거린다.

"은선이는 그게 중요하다고 생각해요?"

"아니요."

취재진과 이야기를 하고 나서 카메라를 외면한 채 억지미소를 짓고 있던 은선이의 표정이 조금씩 일그러지기 시작했다. 곁눈질로 카메라를 보며 다시 한 번 힘겹게 미소를 지어 보이더니 이내 표정이 굳어진다. 콧잔등이 실룩거린다. 은선이는 지금 마음속으로 힘겨운 싸움을 하고 있다. 그러더니 이내 소매로 눈물을 훔쳤다. 아이들이 따지듯 물었을 때, 은선이는 그게 뭐가 중요하냐며 쏘아붙이지도 못했다. 학교 아이들은 어쩌면 더 심한 말로 은선이를 괴롭혔을지도 모른다. 도대체 학교 친구들은 은선이의 엄마가 일본 사람인 걸 어떻게 알았을까? 생각 없이 내뱉은 말 한마디가 은선이에게는 오래 지워지지 않을 아픈 상처가 되었다.

아빠 최승렬 씨가 은선이의 손을 잡아끌었다.

"우리 딸, 일루 와. 울지 마. 니가 울면 다 울잖아."

아빠 품에 안긴 은선이의 어깨가 들썩인다. 그동안 부모가 속상해할까 봐 말도 못 하고 혼자서 속으로만 앓았을 걸 생각하니, 마음이 더욱 무겁다.

은선이의 울음은 잦아들었지만, 집안 분위기는 무겁게 가라앉았다. 한참 동안 허공을 응시하던 최승렬 씨가 조용히 자리를 뜬다.

"그 상처는 내가 받아도 되는 건데, 애들이 그 상처를 받아서······."

엄마 하네다 세이코 씨가 말끝을 흐린다. 은선이가 울음을 터뜨리기 전까지, 엄마 아빠는 자식들에게 이런 일이 있었을 거라고는 상상도 해 본 적이 없었다. 그러나 알았다 해도 해 줄 수 있는 것이 없다는 사실이 더욱 견디기 힘들다.

추위가 조금 누그러진 날, 최승렬 씨는 리어카를 끌고 거리로 나섰다. 원래 공사현장에서 일했던 그는 작년에 뇌수술을 받은 뒤로 일을

"너는 왜 엄마가 일본 사람이야?"
아이들이 따지듯 물었을 때,
은선이는 아무 말도 하지 못했다.

나갈 수가 없었다. 그래도 손 놓고 있을 수만은 없어 폐지 줍는 일을 시작했다. 하지만 수술후유증으로 몸이 말을 듣지 않는다. 리어카를 끌고 가는 동안에도 그는 자주 멈추어 서서 저려 오는 손을 오므렸다 폈다 반복했다.

최승렬 씨는 지난 며칠 동안 마음이 시끄러웠다. 형편이 넉넉하지는 못해도 아이들만큼은 구김살 없이 키우고 싶었다. 그런데 몸은 리어카 하나 오래 끌지 못할 만큼 약해졌고, 눈에 넣어도 아프지 않을 딸 은선이는 부당한 놀림과 시선에 마음이 멍들었다. 지금 그에게는 어느 것 하나 제자리인 것이 없다.

"그렇게 남들한테 놀림 받는다는 걸 몰랐어요. 항상 활발하게 지내는 줄만 알았는데 깜짝 놀랐어요. 내가 그렇게는 안 키웠는데, 애들한테 놀림을, 놀림을 받으면서 사는구나……. 이게 아닌데……."

아빠 최승렬 씨의 마음은 지금 채워지지 않는 리어카만큼이나 황량하다.

여느 한국 아이들과 생김새가 다를 바 없는 은선이가 이런 일을 당할 정도라면, 피부색과 얼굴 생김새가 판이하게 다른 다문화가정의 아이들은 어떤 일을 당하며 청소년기를 보내고 있을까? 이 아이들이 우리 사회에 제대로 적응할 수 있을까? 무엇이 아이들의 세계 속에 '다른 것은 나쁜 것'이라는 편견을 심어 놓았을까?

눈물짓는 은선이를 보며, 우리는 5년 전에 만났던 미국인 흑인 여성 레슬리 벤필드 씨를 떠올렸다. 그녀는 우리에게 이렇게 경고했다.

사람들이 이 문제에 어떻게 대처하려고 하는지……. 어차피 10년, 20년 뒤에는 큰 사회문제가 될 텐데…….

레슬리 벤필드 씨가 우리에게 말하고자 했던 '문제'란 과연 무엇이었을까? 한국인보다 한국을 더 사랑했던 그녀가 끝내 열지 못했던, 우리 마음의 문을 단단히 채우고 있던 자물쇠의 정체는 무엇이었을까?

  **SBS 스페셜**
단일민족의 나라, 당신들의 대한민국
2006년 11월 5일

SBS 스페셜

당신들의 대한민국 2: 10대의 초상

2011년 2월 20일

SBS 스페셜
아름다운 공존을 위한
다문화 이야기

다른 게 나쁜 건 아니잖아요

SBS스페셜 제작팀 지음

꿈결

CONTENTS

Prologue
은선이의 눈물 · 2

Part  단일민족이라는 위험한 신화

Chapter 1.
레슬리 벤필드는 대한민국을 어떤 나라로 기억할까? · 21

한국인보다 더 한국을 사랑한 이방인 · 22 ǀ 끝내 넘어서지 못한 오랜 장벽 · 27 ǀ 레슬리 벤필드의 진심어린 충고 · 32

Chapter 2.
한민족은 단일민족인가? · 38

겨레, 민족 그리고 단일민족 · 42 ǀ 선사시대 유적지의 이방인들 · 49 ǀ 한민족은 남방계와 북방계가 혼합된 인종이다 · 55

Chapter 3.
단일민족 신화의 탄생 · 60

단군, 국난 극복의 구심점이 되다 · 63 ǀ 단군은 우리 민족의 시조인가? · 68 ǀ 우리 역사 속의 다문화사회와 단일민족 신화의 탄생 · 72 ǀ 단일민족 사관을 극복해야 하는 이유 · 79

Part 2 당신들의 대한민국

Chapter 1.
초대받지 못한 손님들 · 91

영광이의 이루어질 수 없는 꿈 · 93 ㅣ 대한민국, 인종·외국인 차별의 가해국가 · 99 ㅣ 스리랑카인 K씨의 씁쓸한 여름휴가 · 104 ㅣ 차등과 차별은 다르다 · 109 ㅣ 소피하와 벤저민의 전혀 다른 경험 · 114 ㅣ 문화적·경제적 인종주의 · 122

Chapter 2.
나는 한국인입니다 · 126

낯익은 이방인들 · 127 ㅣ 주디스 씨가 채울 수 없는 마지막 조건 · 130 ㅣ 다문화를 반대하는 목소리들 · 135 ㅣ 사진액자 속의 아이들 · 139

Chapter 3.
다른 게 나쁜 건 아니잖아요 · 146

파나마료브 다니엘의 겨울방학 · 147 ㅣ 다니엘이 부르지 못한 노래 · 154 ㅣ 대영이네 3남매의 소원 · 158

Chapter 4.
이 아이들에게 내일을 선물해 주세요 · 171

순혈주의가 만든 우리 안의 장벽들 · 172 ㅣ 대한민국의 일꾼이 되고 싶습니다 · 177

Part 3  여러분이 있어 행복합니다

Chapter 1.
늙어 가는 대한민국의 내일 · 189

2800년, 마지막 한국인이 숨을 거두다 · 190 ǀ 대한민국의 새로운 미래 · 194 ǀ 그들의 현재가 우리의 미래가 될 수는 없다 · 202

Chapter 2.
I Love Korea · 208

세계 최초의 외국인 한의사 · 209 ǀ 파란 눈의 '한국인'들 · 216 ǀ 세계인으로부터 사랑받는 나라, 대한민국 · 218

Chapter 3.
누가 한국인입니까? · 222

당당한 한국인이 되어 주세요 · 224 ǀ 국가대표 대한민국 홍보대사가 된 독일 청년 · 227 ǀ 한국인의 영혼을 가진 사람들 · 231

Epilogue
우리가 함께 만들 미래 · 236

책을 펴내며 · 248

|부록| 다문화가족지원센터 안내표 · 252

가장 곤궁한 자의 외침에 귀를 막는다면
가장 사랑하는 사람의 목소리도 알아듣지 못하게 된다.

_ B. 브레히트

PART 1

단일민족이라는 위험한 신화

우리 민족은 고대부터 이민족에 대해 관대했을 뿐만 아니라
주변 종족들을 적극적으로 수용하는 정책을 폈었다.
우리 민족이 세운 국가들은 대체로 다문화사회를 지향해 왔던 것이다.

우리 사회에 변화가 닥치기 전까지 우리 민족이 단일민족이라는 가르침을 의심했던 사람은 거의 없었다. 하지만 우리 사회가 빠른 속도로 다문화사회로 편입되어 감에 따라 단일민족이라는 굳건한 믿음에 의구심을 던지는 목소리들이 나타나기 시작했다.

Chapter 1

레슬리 벤필드는 대한민국을 어떤 나라로 기억할까?

우리가 레슬리 벤필드 씨를 처음 만난 것은 2006년이었다. 그 무렵 SBS스페셜 제작팀은 다문화와 외국인에 대한 한국인의 의식을 다룬 다큐멘터리 〈당신들의 대한민국〉을 준비하고 있었다. 그래서 외국인으로서 오랜 기간 한국에 거주하며 한국문화에 대해 이해가 깊었던 그녀의 도움이 절실했다. 벤필드 씨는 당시 서른여섯 살이었고, 이미 한국에서 11년째 거주하고 있었다.

남미에서 태어나 부모를 따라 미국으로 이주했던 벤필드 씨는 미국 사회에 조금씩 적응해 갈 무렵 미국사회 전반에 걸쳐 민족·문화적 갈등이 도사리고 있다는 사실을 알게 되었다. 남미 태생의 흑인이었던 그녀 역시 이 사회적 갈등으로부터 자유로울 수는 없었다. 이것이

비단 미국만의 문제일까? 어릴 적부터 유난히 호기심이 강했던 그녀는 왜 미국사회에 그와 같은 갈등이 존재하는지 깊이 고민했고, 다른 나라도 그러한 문제를 겪고 있는지 알고 싶었다. 그와 함께 다른 나라를 경험해 보고 싶다는 생각이 점점 커졌다.

운 좋게도 그녀는 메릴랜드 주의 대학을 졸업할 즈음 한 교회에서 주관한 단기 선교 프로그램에 참가하여 필리핀으로 갈 수 있었다. 하지만 필리핀에 도착하자마자 무더위와 식중독으로 일주일 동안 크게 고생하고 난 뒤 일자리를 쉽게 구할 수 있는 아시아의 다른 나라로 가겠다고 결심했다. 한국과 중국에 100여 통의 이력서를 보냈다. 다행히 한국의 한 영어학원에서 강사 자리를 제안했다. 그렇게 시작된 한국 생활이 어느덧 10년을 넘어서고 있었다.

한국인보다 더
한국을 사랑한 이방인

우리 취재진이 벤필드 씨를 만나기 전부터 그녀는 이미 한국사회에서 꽤 알려진 인물이었다. 명절이면 으레 TV를 통해 방영되고는 하는 외국인가요제에 나가 세 번이나 입상을 했다. 특히 1999년에는 가요제에서 가수 엄정화의 〈페스티벌〉을 불러 대상을 차지했다. SBS의 시트콤 〈LA 아리랑〉에 단역으로 출연한 적도 있고, MBC의 〈생방송 퀴즈가

레슬리 벤필드는 대한민국을 어떤 나라로 기억할까?

얼굴을 보지 않고 말만 들으면 한국 사람으로 착각할 만큼 레슬리 벤필드 씨는 한국어가 유창했다.

23

좋다〉에 출연하기도 했다. 그랬던 그녀의 한국 생활은 2004년 서울시청에서 채용공고를 낸 계약직 공무원 시험에 합격하면서 새로운 전기를 마련한다. 대한민국 최초의 외국인 공무원이 된 것이다. 당시 한국인 5명과 외국인 11명이 지원한 이 시험에서 그녀는 16대 1의 경쟁을 뚫고 서울시청 국제협력과의 일원으로 합류했다.

그로부터 2년여가 지난 2006년, 레슬리 벤필드 씨는 양재동에 위치한 한국무역진흥공사에서 계약직 사무원으로 일하고 있었다. 각종 홍보문안이나 서류들을 영어로 번역하고 감수하는 것이 그녀의 역할이었다. 함께 일하는 한국인 동료가 한국에 와 있는 외국인 가운데 벤필드 씨의 한국어 실력이 다섯 손가락 안에 들 정도라고 추켜세우자, 그녀는 "괜히 '오버' 하는 거예요."라며 쑥스러워했다. 그녀의 행동이나 표정, 말투에서는 전혀 이방인의 이질감이 느껴지지 않았다.

그녀가 퇴근하기를 기다렸다가 귀갓길에 동행했다. 저녁 찬거리를 장만하기 위해 시장을 찾은 그녀는 무얼 살까 머릿속으로 헤아리며 계속해서 혼잣말을 했다. 그런데 혼잣말도 한국어로 중얼거린다.

정육점에 들른 벤필드 씨가 정육점 주인에게 말을 건넸다.

"안녕하세요? 아저씨, 김치찌개 만들 건데 삼겹살······."

벤필드 씨가 채 말을 끝맺기도 전에 정육점 주인이 "3천 원어치요?" 하고 묻는다. 채소가게에서도 상황은 비슷하다. 그녀의 외모는 단연 눈에 띄지만 시장 상인들에게 레슬리 벤필드 씨는 그냥 '동네 사

레슬리 벤필드는 대한민국을 어떤 나라로 기억할까?

람' 일 뿐이다. 검은 비닐봉지를 든 채 물건을 고르고 상인들과 흥정하는 그녀의 모습은 여느 한국 여성과 똑같다.

집으로 돌아온 벤필드 씨가 부지런히 저녁상을 차렸다. 메뉴는 김치찌개다. 집에서 해 먹는 음식까지도 한국식인 그녀는 10년 넘게 자취생활을 한 덕분에 음식 솜씨가 보통이 넘는다. 김치찌개는 물론 된장찌개, 잡채, 궁중요리까지 섭렵했다. 뿐만이 아니다. 장고춤, 부채춤 등을 익혔고, 자수는 무형문화재 스승을 찾아다니며 배울 정도로 열심이다. 그녀는 한국의 모든 것을 기회 닿는 대로 배우고 익혔다.

남미에서 태어나 미국에서 자라고 대학까지 다닌 레슬리 벤필드 씨의 한국사랑을 어떻게 설명할 수 있을까? 그녀 자신도 설명하기 힘들다고 한다. 실제로 그녀는 처음 한국에 왔을 때 1년 만에 미국으로 돌아갔다. 그런데 도저히 한국이 그리워서 견딜 수가 없어 다시 돌아오고야 말았다. 벤필드 씨의 지독한 한국사랑은 한국을 체험하고 한국 문화를 배우고 익히는 것에 머문 것이 아니었다. 그녀는 한국을 외국인들에게 알리는 문화 전파자로서의 역할도 하고 있었다.

처음 만난 며칠 뒤, 우리는 압구정동의 한 교회에서 벤필드 씨를 다시 만났다. 그곳에서 그녀는 한국에 체류하고 있는 외국인근로자들에게 한국어를 가르치고 있었다. 영어와 한국어 모두에 능통한 그녀는 뛰어난 한국어 교사이기도 했다. 한국어 발음이 정확한 것은 물론이고 단어의 의미를 동작으로 풀어서 쉽게 설명한다. 남미나 아시아의 자신이 다니는 교회에서 외국인근로자들에게 한국어를 가르치는 레슬리 벤필드 씨. 그녀는 매우 뛰어난 한국어 선생님이었다.

가난한 나라에서 온 외국인근로자들은 레슬리 벤필드 씨의 한국어 수업 덕분에 한국 생활을 하는 데 적지 않은 도움을 받고 있다고 했다.

어느새 교실로 쓰이는 작은 예배당에 노랫소리가 흐르기 시작한다. 우리 민요, 〈아리랑〉이다. 레슬리 벤필드 씨는 자신이 가장 좋아하는 〈아리랑〉을 수업에서 빠뜨리지 않는다.

아리랑 아리랑 아라리요
아리랑 고개를 넘어간다
나를 버리고 떠나는 님은
십 리도 못 가서 발병 난다

"여기서 '발병 난다' 는 말은 진짜로 발이 아픈 게 아니에요. 마음이 아픈 거죠."

레슬리 벤필드 씨는 한국문화가 낯선 외국인들에게 〈아리랑〉에 담긴 깊은 뜻과 정서를 한국 사람보다 더 잘 전달하고 있었다.

끝내 넘어서지 못한 오랜 장벽

한국을 사랑한 크기만큼 한국을 알기 위해 노력했던 벤필드 씨가 '제2의 조국'이라고 생각할 정도로 한국이 가까워졌을 때, 뜻밖의 일이 일어났다. 한국문화를 깊이 이해하게 되었고 잠꼬대도 한국어로 할 정도로 익숙해졌는데, 레슬리 벤필드 씨의 기대와는 달리 한국인 친구들이 하나둘 자신으로부터 멀어지기 시작한 것이다.

"한국말 좀 잘하면 친구들이 한 명씩 한 명씩 없어져요. 사라져요. 영어로 얘기 안 하면……. 저한테 관심 있는 것보다는 영어에 대한 관심이 많으니까."

그 말을 듣는 순간 얼굴이 화끈거렸다. 어떤 상황인지 충분히 짐작이 갔다. 한국에서 영어 실력을 키우기 위해서는 원어민 친구를 사귀는 것만큼 좋은 방법이 없다. 그래서 영어를 쓰는 데다 미국에서 정치학을 전공한 벤필드 씨는 좋은 조건을 갖춘 '원어민 친구'였을 것이다. 하지만 차츰 한국에 동화되어 가면서, 그리고 그녀 스스로가 한국에 동화되기 위해 영어를 자제하고 한국말을 쓰기 시작하면서 그녀의 영어를 필요로 했던 한국인 친구들은 점점 멀어져 갔던 것이다. 경쟁력을 갖추기 위해 영어 실력을 키우는 것도 중요하지만, 사람에 대한 예의를 등한시했던 그 얼굴 모르는 '한국인 친구'들이 같은 한국 사람으로서 참 부끄러웠다.

그렇게 머나먼 타지에서 사귀어 의지하던 친구들이 멀어져 갔을 때 그녀의 마음은 어땠을까? 실망감이 컸다고 했다. 그래서 영영 돌아오지 않을 생각으로 미국으로 돌아간 적도 있었다고 한다. 하지만 번번

이 그녀는 한국이 그리워 다시 돌아오고는 했다. 이유를 물었다.

"엉덩이가 너무 무거워서 그런가?"

레슬리 벤필드 씨는 그렇게 말해 놓고 웃어 버렸다. 그리고 이렇게 덧붙였다.

"사랑하는 사람 사이 같은 문제로 봐도 될 것 같아요. 같이 있을 때는 안 좋은 점만 보게 되잖아요. 그런데 떨어져 있을 때는 좋은 점만 생각하게 되니까. 미국에 있을 때는 한국이 참 좋은 나라였구나, 생각해요."

그녀는 헤어졌다가 다시 만난 애인처럼, 다시 돌아올 때마다 한국이 더욱 좋아진다고 했다.

그렇게 한국을 사랑했고, 한국 사람들을, 한국문화를 이해하려고 노력했지만, 그런 그녀에게도 결코 넘어설 수 없었던 장벽이 있었다.

우리는 한국인보다 한국을 더 좋아하는 그녀가 혹시 한국 남자와 결혼하겠다는 생각을 해 본 적은 없었을까 하는 궁금증이 일었다. 그래서 그 문제에 대해서 조심스럽게 질문을 던졌다.

"혹시 한국 남자하고 결혼할 생각은 없으셨어요?"

취재 기간 내내 상냥하고 밝았던 벤필드 씨의 표정이 한 순간에 어두워졌다. 그리고 단호하게 말했다.

"불가능합니다."

의외의 반응에 우리는 적이 당황했다. 그녀의 말이 이어졌다.

레슬리 벤필드 씨가 서울시 계약직 공무원으로 발탁된 소식을 전한 신문. 당시 그녀는 '서울시 전도사'가 되겠다는 포부를 밝혔다.

"사회 때문에. 백인 여자하고 같이 있으면 스스로 출세했다고 생각하죠, 자랑스럽게 여기고. 백인우호주의니까 당연한 거고……. 흑인하고 있으면 인생 실패했다고 생각할 거니까, 나도 기분 나쁘고 그 사람도 기분 나쁠 것 아니에요?"

괜한 질문을 해서 분위기가 어색해지고 말았다. 그러면서도 상냥하고 친절한 그녀가 그토록 예민하게 반응하는 것이 마음에 걸렸다. 우리는 그 이유를 며칠 뒤에야 알았다.

레슬리 벤필드 씨의 한국인 단짝 친구인 십년지기 한귀례 씨를 만났을 때였다. 삼겹살집에서 식사를 하던 중 귀례 씨가 말했다.

"레슬리가 사실은 처음에 한국 남자랑 결혼하고 싶어 했어요. 제 생각에는 레슬리가 백인이었다면, 결혼했을 것 같거든요."

그러자 맞은편에 앉아 있던 레슬리 벤필드 씨가 농담처럼 말을 받았다.

"성형수술 할까 봐. 한국 사람처럼 고쳐 가지고."

두 사람의 대화를 들으며, 어쩌면 한국 남자와 결혼하고 싶어 했던 레슬리 벤필드 씨의 바람이 우리가 예상하는 것보다 훨씬 더 컸을지도 모른다는 생각이 들었다.

함께 지내는 동안 우리는 레슬리 벤필드 씨가 대단히 매력적인 여성이라는 사실을 알 수 있었다. 그녀는 인품이 훌륭한 데다 지적이고 능력까지 갖추고 있었다. 게다가 한국을 사랑하고 한국 사람보다 더욱더 한국적이었다. 하지만 그녀는 흑인이었다. 11년째 한국에 머무는 동안 생각하는 것까지도 한국 사람이 다 되었건만, 검은 피부색은 그녀가 완전히 한국사회에 동화되는 데 큰 걸림돌이 되었다.

그녀의 한국인 친구들은 영어를 쓰는 흑인은 받아들였지만, 한국말을 하는 흑인은 받아들이지 않았다. 언젠가 그녀가 푸념을 하듯 이런 말을 한 적이 있다.

"전쟁을 딛고 일어나서 힘들게 살던 사람들, 그렇게 오래 지난 역사도 아닌데……. 제가 못사는 후진국에서 왔든 잘사는 미국에서 왔든 과거를 기억해서…… 그래도 사람은 사람이니까, 다 대접 받을 만하다고 생각할 것 같지만 그렇지 못하다는 게 실망스러워요."

레슬리 벤필드의
진심어린 충고

우리와 레슬리 벤필드 씨의 인연은 거기까지였다. 그런데 뜻밖에도 이듬해인 2007년, 우리는 그녀를 방송을 통해 다시 만날 수 있었다. KBS의 〈미녀들의 수다〉라는 프로그램을 통해서였다. 한국에 거주하는 외국인 여성들의 시선을 통해 한국만의 독특한 문화와 한국인의 의식을 해부한 이 프로그램에서 레슬리 벤필드 씨는 한국문화에 대한 깊은 이해를 바탕으로 외국인 출연진과 제작진의 중재자 역할을 하며 이 프로그램이 성공적으로 안착하는 데 큰 역할을 했다. 우리는 방송인으로서 한국 생활의 새로운 지평을 연 레슬리 벤필드 씨를 진심으로 응원했다.

〈미녀들의 수다〉가 한창 인기를 끌 무렵 대학원 과정을 마치기 위해 미국으로 돌아간 레슬리 벤필드 씨는 이 프로그램의 100회 특집 편에 '원조 멤버'로서 잠깐 얼굴을 비추기도 했다. 그리고 거기까지였다. 그로써 12년이나 계속되었던 그녀의 한국 생활은 드디어 마침표를 찍었다. 하지만 미국으로 돌아간 뒤에도 그녀는 뉴욕의 한인교회에서 교육전도사로 일하며 한국과의 인연을 놓지 않고 있었다. 교회에서 주관한 한 행사에서는 우리 교포가 영어로, 그녀가 한국어로 사회를 보는 진풍경을 연출하기도 했다고 한다.

12년 동안이나 한국에 머물며 한국을 진정 사랑했던 레슬리 벤필드. 지금 그녀에게 한국은 어떤 나라로 기억될까? 한국에서 지내는 동안 그녀에게 좋은 일들만 있었던 것은 아니었다. 한국과 한국말에 익숙해질 무렵 그동안 의지했던 한국인 친구들이 하나둘 떠나갔을 때, 인종과 피부색에 대한 선입견과 편견이 만연한 한국사회에서 흑인으로 살아간다는 것이 무척 힘든 일이라는 사실을 느낄 때마다 그녀는 작지 않은 마음의 상처를 입었을 것이다. 그런데도 그녀가 한국을 좋은 나라로 기억해 주기를, 끝까지 그녀가 한국의 좋은 친구로 남아 주기를 바란다는 것은 이기적인 바람일지도 모른다.

레슬리 벤필드 씨는 한국의 거의 모든 것을 사랑했지만,
단일민족이라는 한국인의 믿음은 이해할 수 없었다.
그리고 그녀는 언젠가 이 믿음으로 인해
한국사회가 큰 문제를 겪게 될 것이라고 걱정했다.

SBS스페셜 제작팀은 2006년에 다문화 다큐멘터리 〈당신들의 대한민국〉 첫 편을 방영한 데 이어 5년이 지난 2011년 초에 〈당신들의 대한민국〉 속편을 만들기로 계획을 세웠다. 다시 작업에 들어가면서 우리가 가장 궁금해 했던 점은 5년 사이에 다문화에 대한 우리 국민의 인식이 어떻게 변화했을까 하는 것이었다.

다행스럽게도 많은 변화가 있었다. 이제 다문화 현상은 우리 사회가 겪게 될지도 모를 잠재적인 가능성 차원을 넘어 현실적 문제로 다가와 있었다. 이에 따라 정부와 각 지자체는 다양한 다문화 정책을 마련했으며, 수많은 다문화 관련 단체가 생겨나 여러 가지 프로그램을 진행하고 있었다. 언론의 논설이나 기사도 다문화사회를 수용하는 것이 글로벌 코리아를 완성하는 길임을 역설했다.

하지만 정부와 각 지자체 단체의 노력과 더불어 다문화사회를 수용하자는 사회적인 분위기가 무르익고 있음에도 불구하고 현실적인 제도의 부재와 국민들의 편견 속에서 여전히 고통 받고 있는 사람들이 있었다. 외국인근로자들 중 다수는 아직도 인권의 사각지대에 있었고, 귀화 외국인들은 한국 국적을 취득하고도 여전히 이방인으로 살아가고 있었으며, 다문화가정에서 태어난 2세들은 튀는 외모와 출신에 대한 그릇된 잣대 속에서 사회적으로 부당한 대우를 받으며 우울한 청소년 시기를 보내고 있었다. 우리가 특히 주목한 것은 다문화가정에서 태어난 청소년들이었다. 국제결혼이 늘어나고 다문화가정이 급속도로 증가하는 추세 속에서 다민족 사이에서 태어난 청소년들도 급증하게 될 것이다. 그래서 SBS스페셜 제작팀은 〈당신들의 대한민국〉 속편에 '10대의 초상'이라는 부제를 붙이고, 다문화가정 청소년들의 문제를 집중적으로 조명하기로 했다. 나중에 자세히 살펴보겠지만, 이 아이들을 우리 사회가 어떻게 받아들일 것인가 하는 문제는 대한민국의 미래와도 직결되는 사안이다.

〈당신들의 대한민국〉 속편을 만들면서 우리는 어쩔 수 없이 5년 전에 레슬리 벤필드 씨가 우리에게 던졌던 충고와 다시 만나지 않을 수 없었다.

> 정말 진심으로 알고 싶어요. 사람들이 이 문제에 어떻게 대처하려고 하는지. 어차피 10년, 20년 뒤에는 큰 사회문제가 될 텐데. 제 나이 또래에 있는 친구들이나 더 어린 친구들이 생각해야 될 문제인 것 같은데…….

한국의 거의 모든 것을 좋아하고 수용했던 레슬리 벤필드 씨였지만, 그녀조차 받아들일 수 없었던 단 한 가지가 있었다. 한국에서 지낸 12년 동안 그 문제를 놓고 수많은 한국인 친구들과 대화를 하고 토론을 해 봤지만, 그때마다 그녀는 단단한 벽을 경험해야만 했다. 그 문제란 바로 '단일민족' 이념이었다.

레슬리 벤필드는 대한민국을 어떤 나라로 기억할까?

"그 문제를 안고 10년간 토론해 본 결과…… 대부분의 사람들이 발딱 화를 내고 그래요. 그냥 막 얘기를 안 하려고 그래요. 단일민족 맞다고. 니가 뭘 알아? 그렇게 말하고는 대화가 거기서 끝나 버리죠."

스스로를 '단일민족'이라고 말하는 한국인 친구들을 이해하고 싶어서 레슬리 벤필드 씨는 한국의 역사교과서까지 보며 열심히 공부했다고 한다. 하지만 그렇게 공부를 하고 난 뒤에 그녀는 오히려 한국 사람들이 종교처럼 맹목적으로 신봉하고 있는 단일민족사상이 사회적 합의를 방해하고 균열을 가져올 수 있는 위험한 믿음이라는 결론을 내렸다고 한다.

우리나라의 성인 대부분은 학교에 다니면서 수업시간에 우리 민족이 단일민족이라는 교육을 받았다. 그러한 가르침과 믿음을 의심해 본 사람은 드물 것이다. 그리고 우리 국민 대다수는 우리나라가 하나의 핏줄을 이어받은 민족으로 구성된 단일민족국가라는 사실에 은근한 자부심을 가지고 있다. 그런데 레슬리 벤필드 씨는 우리가 가진 맹목적인 믿음과 자부심이 지닌 함정을 간파하고서 그런 생각은 '위험한 것'이라고 지적했다. 과연 그녀는 우리가 보지 못한 어떤 지점을 목격했기에 그렇게 말했던 것일까?

Chapter **2**

한민족은 단일민족인가?

2006년, 〈당신들의 대한민국〉 첫 편을 만들던 당시에 SBS스페셜 제작팀은 우리나라 성인 남녀 2,000명을 대상으로 '우리 민족을 단일민족이라고 생각하는가?'라는 설문조사를 실시했다. 그 결과, 62.5%가 '그렇다'라고 대답해 많은 사람들이 단일민족사상을 믿고 있는 것으로 나타났다. 당시 '그렇다'라고 답했던 대상자들에게 왜 그렇게 생각하는지 물었을 때 돌아온 답변은 대부분 이랬다.

"옛날부터 다른 피가 섞이는 것을 원치 않았잖아요? 그래서 그런 거 아닌가?"

"저는 되게 좋아하거든요, 단일민족국가라는 거를. 우리나라와 같은 단일민족국가가 흔하지 않잖아요?"

"마음 한 구석에 단일민족이라는 자긍심도 있고, 혼혈인이나 그냥 외국 분들하고는 우리가 조금 다르지 않나, 이런 거리감을 두고 싶은 마음이 있죠."

대부분의 대상자가 어떤 근거를 갖고 있다기보다는 오래전부터 간직해 온 생각을 고수하겠다는 입장을 취하고 있었고, 우리 민족이 단일민족이라는 사실에 대단한 자긍심을 가지고 있는 듯 보였다. 그런데 과연 우리 민족은 단일민족이 맞을까? 우리는 어떤 과정을 거쳐 우리 민족이 단일민족이라는 믿음을 갖게 된 것일까?

2006년 당시, 우리가 찾아갔던 서울 모 초등학교에서는 아이들이 〈서로 서로 도와 가며〉라는 노래를 부르고 있었다.

아랫집 윗집 사이엔 울타리는 있지만
기쁜 일 슬픈 일 모두 내 일처럼 여기고
서로 서로 도와 가며 한집처럼 지내자.
우리는 한 겨레다. 단군의 자손이다.

대한민국 건국 이래 지난 수십 년 동안 초등학교에서 불리었던 '단일민족'에 관한 노래다. 우리 민족이 단군의 한 자손이라는 노래를 배우녀 아이들은 단일민족에 대해서 알아 갔고, 우리는 같은 민족이기 때문에 협동하고 단결해야 한다는 가르침을 받았다. 우리 사회에 변화가 닥치기 전까지 이러한 학교 교육의 당위성에 대해서 의심했던 사람은 거의 없었다. 하지만 우리 사회가 빠르게 다문화사회로 편입되어 감에 따라 단일민족이라는 굳건한 믿음에 대해 의구심을 던지는 목소리들이 나타나기 시작했다.

　우선 앞서 말한 동요에 대해서 한번 깊게 생각해 보자. 우리가 사는 집은 달라도 서로 도와 가며 같은 가족처럼 지내야 한다는 메시지를 전하고 있다. 여기까지는 문제가 없다. '이웃사촌'이라는 말이 있듯이, 이웃끼리 도와 가며 살아야 한다는 사실은 보편적인 도덕에 속한다. 그런데 이 노래의 가사는 우리가 서로 도우며 살아야 하는 것이 '한 겨레이기 때문'이라는 전제조건을 내포하고 있다. 그렇다면 이런 질문을 해 볼 수 있을 것이다.

　'이웃에 사는 사람이 한 겨레가 아닐 때는 어떻게 해야 할까?'

　지극히 단순해 보이는 이 질문에 대한 해답이 현재 다문화 현상에 대해서 우리 사회가 안고 있는 문제의 핵심은 아닐까? 이 문제를 들여다보기 전에 우리 국민 대다수가 믿어 의심치 않았던 단일민족사관의 실체에 대해서 알아보는 것이 우선일 것이다.

근대 이후 우리나라는 학교 교육을 통해 단일민족사관을 가르쳐 왔고, 우리나라가 단일민족국가인 것이 큰 장점임을 강조해 왔다.

겨레, 민족 그리고 단일민족

국립국어원의 인터넷 홈페이지에서 '민족'이라는 말을 검색해 보면 다음과 같은 뜻풀이가 나온다.

일정한 지역에서 오랜 세월 동안 공동생활을 하면서 언어와 문화상의 공통성에 기초하여 역사적으로 형성된 사회집단. 인종이나 국가 단위인 국민과 반드시 일치하는 것은 아니다.

그런데 민족을 설명하는 국립국어원의 뜻풀이에는 뜻밖에도 '혈연(血緣)'이라는 요소가 생략되어 있다. 뿐만 아니라 국립국어원의 두 번째 뜻풀이를 보면, '민족≠인종'과 '민족≠국민'이라는 관계가 성립한다고 설명하고 있다. 모든 나라가 단일민족국가는 아니기 때문에 국민과 민족이 반드시 일치하는 것은 아니라는 국립국어원의 설명은 이해가 간다. 그런데 인종 역시 반드시 민족과 일치하는 것은 아니라는 설명에 대해서는 민족을 '같은 핏줄' 또는 '혈연공동체'라고 인식하는 경향이 강한 대부분의 한국 사람들에게는 다소 의아하게 들릴지도 모른다.

하지만 저명한 역사학자들과 문화인류학자들 역시 민족이라는 개념을 정의하는 데 있어 대부분 '혈연'이라는 요소를 배제하고 있다.

민족주의 연구의 세계적인 권위자인 베네딕트 앤더슨은 자신의 저서 『상상의 공동체』에서 민족이라는 개념은 고대로부터 이어져 온 혈연공동체에 관한 인류의 보편적 인식이 아니라 왕조국가가 몰락하고 근대 자본주의가 발달하는 과정에서 만들어진 인위적인 발명품이며, 민족은 상상의 공동체라고 설명하고 있다. 프랑스의 언어학자이자 철학자인 에르네스트 르낭은 소르본대학교에서 열린 역사적인 강연에서, 민족을 종족에서 유래한 것, 다시 말해서 유전자적 요소로 정의하는 것은 오류라고 지적하면서, 특정한 삶의 무대 안에서 고통과 미래를 공유하고자 하는 의지공동체를 민족으로 정의하고 있다. 에른스트 겔너, 에릭 홉스봄, 한스 울리히 벨러 등의 역사학자들도 민족을 정의하는 데 있어 혈연이라는 요소는 생략하고 있다.

학자들마다 민족을 정의하는 견해는 조금씩 차이를 보이고 있지만, 민족이라는 개념이 탄생한 시점이 19세기 말에서 20세기 초라는 사실에 대해서는 거의 이견을 보이지 않는다. 근대 이전의 한국이나 중국에서는 민족이라는 단어를 쓰지 않았다. 서양에서 nation이라고 표기한 단어를 일본에서 민족(民族)이라고 번역하였고(엄밀히 말해서 서양에서 말한 'nation'은 '민족' 보다는 '국민'으로 해석해야 옳다. 이렇게 해석을 하면 서양의 민족 개념과 우리가 생각하는 민족 개념이 확연히 다른 성질임을 알 수 있다. 일본이 nation을 '민족'이라고 번역했던 데에는 이 시기에 일본이 이미 천황을 중심으로 한 단일민족론과 단일민족국가론을 수립하고 있었고, 그랬기에 '민족=국민'으로 보았기 때문으로 추정된다), 이때부터 민족이라는 말이 동아시아에 널리 퍼지기 시작했던 것이다.

그렇다면 근대 이전에 우리 조상들은 현대의 '민족'과 유사한 뜻을 지닌 다른 말을 사용하지 않았을까? 물론 있었다. 민족(nation)이라는 단어와 개념이 서양으로부터 도입되기 이전에 우리의 선조들은 혈연적 동질성을 나타내는 말로 '동포(同胞)'와 '겨레'라는 단어를 사용해 왔다. 그런데 이 두 말은 지금 우리가 인식하고 있는 민족이라는 말과는 조금 다른 의미를 지닌다. 15세기의 문헌에서부터 나타나는 '겨레' 또는 '결에'는 '피붙이'라는 뜻으로, 이는 '가문'과 '일가족'의 의미가 강했다. 그리고 『조선왕조실록』에서 보이는 '동포'는 두 가지 뜻을 지니는데, 하나는 한 부모에게서 태어난 형제자매를 뜻하고, 다른 하나는 왕의 은혜를 입고 사는 백성이라는 의미를 지닌다. 『조선왕조실록』에 나오는 동포는 국왕의 입장에서 백성을 지칭하는 의미로 쓰이고 있다. 우리 조상들이 써 왔던 동포나 겨레와, 서양에서 들여온 민족의 뜻이 서로 완전히 다른 것은 아니지만, 민족이라는 단어가 동포나 겨레보다 훨씬 넓은 의미를 지니고 있다는 사실을 알 수 있다. 동포와 겨레라는 말이 현대의 민족이라는 단어가 갖는 의미로 확장된 것은 일제강점기를 거치면서였다.

물론 베네딕트 앤더슨이나 에르네스트 르낭과 같은 세계적 권위를 지닌 학자들의 견해라고 해서 우리가 이를 맹목적으로 수용할 필요는 없다. 그리고 서양에서 민족(nation)이라는 말과 개념이 언제 탄생했는가를 따지는 것이 우리네 단일민족사상의 기원과 실체를 설명하는 데 결정적인 단서를 제공하는 것도 아니다. 뿐만 아니라 서양의 민족 개념과, 중세 때부터 우리 조상들이 써 온 겨레와 동포의 의미가 어떻게 다른지를 분석하는 것 역시 의미가 없을지도 모른다. 왜냐하면 서양 학자들이 민족에 대해서 내린 해석은 '서양'이라는 무대를 배경으로 하고 있을 뿐, 동양의 역사적·지리적 특수성을 대입했을 때는 전혀 다른 해석이 나올 수 있기 때문이다.

특히 민족의 이동과 민족 간의 교류가 활발했던 유럽과 달리, 우리 한민족은 고구려 광개토대왕이 중원 대륙의 요동까지 영토를 확장했던 때를 제외하면 삶의 터전이 한반도와 만주 일대로 제한되기 때문에 비교적 고립된 지역 내에서 오랜 기간 동안 유전적 형질을 잘 보존해 왔고, 때문에 나름대로 서양에는 없던 민족의식을 간직해 왔으리라는 가정도 얼마든지 가능하다. 일례로, 우리 민족의 공동체 의식이 강하게 드러나는 특징으로 '우리'라는 말을 들 수 있다. 우리나라 사람들은 자신의 부인을 가리킬 때 '내 아내'라고 하지 않고 '우리 아내'라고 말한다. 영어로 치면 our wife가 되는 셈인데, 한국문화에 익숙하지 않은 서양 사람들이 들으면 기절초풍할 일이다. 집도 내 집이 아니고 우리 집이고, 동네도 내 동네가 아니라 우리 동네이며, 나라도 내 나라가 아니라 우리나라다. 어떤 학자는 이러한 우리의 언어 습관에서 주체성과 자의식의 빈곤을 지적하기도 하지만, 나와 너의 구분

생김새가 엇비슷하지만 우리는 한국인과 중국인, 일본인을 어렵지 않게 구분해 낼 수 있다.

을 없애고 우리라는 보다 큰 틀 안에 개개인을 귀속시켰던 것은 그만큼 우리 민족이 공동체라는 개념을 강하게 인식하고 있었음을 증명하는 것일지도 모른다.

해외로 배낭여행을 다녀온 사람들의 이야기를 들어 보면, 각 나라의 수많은 배낭족들이 모이는 세계적 명소에는 으레 중국인과 일본인도 있기 마련인데, 말 한 마디 섞어 보지 않아도 그들 중에서 누가 중국인이고, 누가 일본인인지, 또 누가 우리나라 사람인지 정확하게 구분해 내는 경험을 한 적이 많다고 한다. 이와 같은 불가사의한 '끌림'을 어떻게 설명할 수 있을까? 혹시 그것은 같은 민족만이 느낄 수 있는 동질성 때문은 아닐까?

그렇다면, 우리 한민족이 갖고 있는 공통적인 특성으로는 어떤 것이 있는지 생각해 보자. 우선 외모를 들 수 있다. 우리나라와 중국, 일본은 같은 동북아시아 권역에 속해 있고 한자문화권이라는 교집합을 갖고 있으며 유사한 풍속을 공유하면서도 생김새에 있어서는 차이를 보인다. 서양 사람의 눈썰미로는 백날 들여다보아도 구분하기 힘들 정도로 미세한 이 생김새의 차이를 우리는 선험적으로 인식하고 거의 정확하게 구분해 낸다. 그리고 우리는 같은 언어를 쓴다. 제주도의 옛 방언이 거의 외국말 수준이기는 하지만, 그래도 그 말 속에는 한반도 사람들이 쓰던 보편적인 언어와 유사한 어원의 뿌리가 있었다. 또 우리는 손재주가 대단히 뛰어나다. 이는 젓가락을 사용하는 식습관 때문인데, 주로 음식을 입 안으로 밀어 넣는 데 젓가락을 활용하는 중국이나 일본에 비해 우리는 보다 정교하게 젓가락을 사용하기 때문에 손의 감각이 발달해 있다고 한다. 우리나라와 일본 간의 스포츠 경기가 벌어지면 눈에 불을 켜고 응원하는 것도 우리 한민족의 특징이다. 지금의 세대가 느끼는 반일감정은 독도 분쟁이나 역사 왜곡과 같이 현재 진행되고 있는 외교적 갈등 등의 현실적인 이유 때문이지만, 그에 앞서 임진왜란이나 일제강점기 등 우리 조상들이 겪었던 사실들을 '역사적 기억'으로서 공유하고 있기 때문이기도 하다. 그리고 이러한 역사와 문화, 환경적 요인들에 덧붙여 결정적으로 '같은 핏줄'이라는 생물학적 요소를 포함시키면 '우리는 단일민족이다' 라는 명제가 완성된다.

단일민족(單一民族)을 사전에서 찾아보면 '단일한 인종으로 구성되어 있는 민족' 또는 '한 나라의 주민이 단일한 인종으로 구성되어 있는 민족'이라는 뜻풀이가 나온다. 여기서 말하는 인종(人種)이라는 말은 황인종, 흑인종, 백인종과 같은 광범위한 구분을 일컫는 것이 아니라, 동일한 조상으로부터 갈래지어 나와 동일한 유전적 형질을 가진 종족이라는 뜻을 내포하고 있다. 앞서 민족이라는 단어를 정의할 때는 '핏줄'이라는 요소를 적용하지 않았음을 기억할 것이다. 그런데 단일민족을 설명하면서는 '단일한 인종'이라는 말로 '핏줄'이라는 요소를 강조하고 있다. 따라서 '민족'과 '단일민족'을 가름하는 가장 중요한 잣대는 '핏줄'이 되는 것이다. 그리고 우리는 얼마 전까지만 해도 우리 한민족이 같은 조상을 가진 혈연공동체임을 믿어 의심치 않았다.

그런데 한반도 내에서 발견된 선사시대의 여러 유적지에서는 우리의 이러한 믿음을 반박하는 고고학적 증거들이 여러 차례 발굴되었다. 이 뜻하지 않은 발견들은 우리 민족이 단일민족이라는 사실을 의심하지 않았던 학계의 학자들에게도 대단히 충격적인 사건이었다.

선사시대 유적지의 이방인들

1962년 3월, 충북 제천 황석리의 고인돌 유적지에서 발굴 작업이 한창 진행 중이었다. 이미 황석리에서 12기의 고인돌을 발굴한 발굴팀은 13번째 고인돌의 발굴 작업을 서두르고 있었다. 황석리 13호 고인돌은 상석 부분이 파괴된 채 흙에 파묻혀 있었다.

조심스럽게 발굴 작업을 진행하던 국립박물관 소속 여성 고고학자의 손끝에 무언가가 걸렸다. 석관이었다. 석관은 시신을 안치하여 고인돌 아래에 매장하는 돌로 만든 관이다. 하지만 모든 고인돌에서 석관이 발견되는 것은 아니다. 오랜 세월이 지나는 동안 석관이 유실된 경우도 있지만, 아예 석관을 묻지 않고 고인돌을 올린 경우가 더욱 많다. 석관을 발견한 발굴팀은 기대감을 갖고 더욱 조심스러운 손길로

흙을 파헤쳤다. 오래지 않아 석관의 전체적인 형태가 드러났다. 놀랍게도 석관에서는 기골이 장대해 보이는 인골(황석리인)과 청동기시대의 유물이 출토되었다.

과거 일제는 한반도의 선사시대가 신석기에서 청동기를 거치지 않고 곧바로 철기시대로 이행되었다고 주장했다. 일제의 사학자들이 제기한 이 한반도 금석병용기설은 석기시대에서 청동기시대로 이행하지 못한 한반도에 중국 대륙에서 쇠와 구리를 사용하는 일단의 무리가 넘어옴으로써 한반도에서 청동기시대를 건너뛰고 철기시대가 시작되었다는 역사 왜곡으로, 조선의 문화적 후진성을 조장하여 일제의 강제 점유와 침탈을 정당화하려는 근거로 이용되었다. 황석리 13호 고인돌에서 출토된 돌검 등의 청동기 유물은 그러한 일제의 역사 왜곡을 반박하는 증거물이었기에, 이 고고학적 발견은 학계를 대단히 흥분시키는 사건이었다.

그런데 황석리 13호 고인돌에는 대한민국 역사학계를 발칵 뒤집어 놓을 비밀이 한 가지 더 숨어 있었다. 그 수수께끼의 열쇠는 바로 석관에 안치되어 있던 인골이 쥐고 있었다.

탄소연대측정법으로 밝혀낸 인골의 매장 연대는 기원전 410년경이었고, 인골의 주인공이 매장될 당시의 나이는 서른 살 전후로 추정되었다. 먼저 학자들을 놀라게 한 것은 인골의 신장이 대단히 크다는 사실이었다. 인골의 다리뼈를 분석해서 추정한 황석리인의 키는 174센

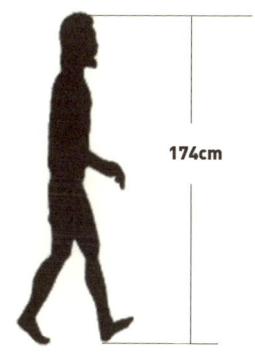

임진왜란 당시 조선 병사의 평균 키   황석리인

티미터였다. 임진왜란 당시 조선 병사들의 평균 신장이 158센티미터였던 점을 감안하면 체격 조건이 상당히 뛰어났다는 사실을 알 수 있다. 신장뿐만 아니라 두개골과 쇄골, 상완골 모두 현대의 평균 한국인보다 더 컸다.

하지만 학계를 발칵 뒤집어 놓은 진짜 이유는 황석리인의 신장이나 체격조건이 아니라 유골의 두개골을 조사한 뒤에 얻은 결과 때문이었다. 보통 사람의 두개골을 통해 인종을 분석할 때는 '두개지수(頭蓋指數)'라는 것을 이용하는데, 이 수치는 두개골의 앞뒤(이마~뒤통수) 길이와 좌우(귀~귀) 폭의 비율을 나타낸다. 다시 말해서, 두개골의 앞뒤 길이를 100으로 놓았을 때 두개골의 좌우 길이가 차지하는 비율이 두개지수이다. 두개지수의 수치가 낮을수록 얼굴의 좌우가 좁고 앞뒤가 넓은 형태를 취한다. 한국인의 평균 두개지수는 80 전후로 이마와 뒤

고대의 한반도에 살았던 황석리인과 아우라지인이 사진 속의 사람들과 닮았다는 사실은 쉬 믿어지지 않는다.

통수가 좁고 얼굴이 펑퍼짐한 단두형에 속하고, 서양인은 두개지수가 70 전후로 짱구 머리에 얼굴이 좁은 장두형에 속한다. 그런데 2400여 년 전 한반도에 묻힌 황석리인의 두개지수는 66.3으로 유달리 머리의 좌우가 좁고 앞뒤가 튀어나온 짱구 형태를 취하고 있었다. 현재 북유럽에 살고 있는 사람들의 두개골 형태와 거의 흡사하다. 1962년 당시 황석리인을 조사했던 서울대학교 의대팀과 발굴팀은 이 당혹스러운 조사결과에 뚜렷한 결론을 내리지 못한 채 황석리인의 특징을 '초장두형'이라는 짧은 말로 정리했다.

강원도 정선 아우라지의 선사유적지에서도 이와 유사한 발견이 있었다. 2005년 7월, 강변에 위치한 고인돌 네 기 가운데 한 기에서 사람의 두개골과 대퇴부가 나왔는데, 서울대학교 해부학실에 의뢰해 얻은 분석결과 역시 대단히 충격적이었다. 유골의 연대는 기원전 8~7세기로 황석리인보다 300~400년 정도 앞섰고, 신장은 170센티미터였다. 그런데 DNA 염기서열을 조사한 서울대학교 해부학팀은 뜻밖에도 이 유골이 서양인의 것으로 추정된다는 결과를 전달해 왔다. 더 정확하게는 현대 영국인의 DNA 염기서열과 거의 흡사하다는 것이었다.

유골 출토 당시 일본과 이스라엘 등 해외 기관에도 분석을 의뢰했지만, 지금까지도 학계는 황석리 유적지와 아우라지 유적지에서 발굴된 서양인 유골에 대한 공식적인 입장을 정리하지 못했다. 사실 우리의 조상이 서양인의 유전적 형질을 갖고 있다는 사실을 인정하기가 어렵고, 이 서양인의 유골이 선사시대 지배계층의 무덤인 고인돌에서 발견되었다는 사실도 당혹스럽다. 다만 학계는 황석리인과 아우라지에서 출토된 서양인 유골의 주인공이 우리 민족의 조상이라는 점에 대해서는 회의적인 입장을 취하고 있다. 하지만 그와 동시에 현대 한국인의 유전인자가 단 하나가 아니라, 갖가지 교류를 통해 여러 인종의 인자가 결합되었을 가능성을 부인하지는 않는다.

그런데 황석리와 아우라지에서 출토된 서양인 유골과 함께 우리를 당혹스럽게 만드는 또 한 가지 고고학적 발견이 있다. 1992년 11월, 경남 통영 남쪽 해상에 위치한 섬 연대도에서 기원전 4000년의 것으로 추정되는 패총에서 유골이 발견되었는데, 이 유골의 두개골은 놀랍게도 영락없이 동남아시아인의 특징을 보이고 있었다.

이처럼 한반도의 선사유적지에서 속속 발견되는 이방인의 유골들은 우리에게 어떤 사실을 말해 주고 있는가? 이 의문에 대해서는 2009년 12월 세계적인 과학잡지 〈사이언스〉를 통해 발표된 학술보고서가 해답을 제시하고 있다.

한민족은 남방계와 북방계가 혼합된 인종이다

인간게놈연구회(HUGO) 아시아지역 컨소시엄의 10개국 90여 명의 과학자는 2004년부터 5년에 걸쳐 아시아 73개 민족의 염색체를 조사했다. 이 연구의 목적은 10만여 년 전 아프리카에서 처음 등장한 현생인류가 어떤 경로를 거쳐 아시아대륙의 각 지역으로 퍼졌는지 알아내기 위한 것이었다.

〈사이언스〉지에 발표된 연구 결과에 따르면, 아프리카에서 탄생한 호모 사피엔스는 유럽을 관통하여 아시아의 인도 북부에 이른다. 이들은 험준한 티베트 고원을 피해 동남아시아로 이동한 뒤 일부는 인도네시아와 필리핀을 비롯한 남태평양의 섬으로 이동하고, 다른 집단은 북쪽으로 진로를 정해 중국과 한국, 일본에 정착한다. 이와 같은 유전적 이동 경로는 벼농사의 전파 경로와 거의 일치하고 있다. 결론적으로 말하면, 동북아시아에 정착한 인류는 유럽인과 인도인, 동남아시아인의 생물학적 특성을 골고루 갖추고 있었다고 할 수 있다.

한 가지 안타까운 사실은 이 연구에 몽골 등을 비롯한 중앙아시아와 북아시아 연구진이 참가하지 않아 북방계 민족의 이동 경로는 밝혀내지 못했다는 것이다. 하지만 연구에 참여했던 숭실대학교 김상수 교수(의생명시스템학부)는 당시 다른 연구기관에서 진행한 연구와 종합하여 "한국인은 남쪽과 북쪽에서 온 인류가 합쳐진 것으로 보인

학자들이 아시아 민족들의 DNA를 통해 밝힌 인류의 이동 경로다. 북쪽의 북방계 민족과 남쪽의 남방계 민족이 한반도에서 합쳐지는 것을 알 수 있다.

다."는 견해를 밝혔다. 이와 관련하여 단국대학교 생물학과의 김욱 교수팀은 동아시아 11개 민족의 DNA를 분석한 연구를 통해 한국인의 유전자에는 남방계라고 불리는 동남아시아 유전자 그룹과 북방계라고 불리는 동북아시아 유전자 그룹이 40:60 비율로 섞여 있다는 결과를 내놓았다.

　신석기와 청동기시대에 이미 한반도에는 서양인과 동남아시아 사람의 생김새를 한 사람들이 들어와 살고 있었다는 사실이 밝혀지고 있고, 우리의 유전자 지도는 한민족이 '혼혈' 임을 가리키고 있다. 이상의 과학적인 연구를 토대로 생각할 때, 우리 민족이 단일민족이라는 믿음에 의구심을 가질 수밖에 없다. 문화인류학자들 역시 이 지구상에 순수혈통의 단일민족이 존재할 가능성은 거의 없다고 말한다.

　그렇다면 2006년에 SBS스페셜 제작팀이 실시했던 설문조사(우리 민족을 단일민족이라고 생각하는가?)에 '그렇다'라고 답변했던 62.5%의 사람들에게, 그리고 한민족이 단일민족임을 굳건하게 믿고 있는 이들에게 이와 같은 과학적 증거들을 내밀었을 때, 그들은 어떤 반응을 보일까?

　사람은 자신이 가진 믿음을 반박하는 명백한 증거와 맞닥뜨린다 하더라도 오랜 기간 자신의 정체성으로 받아들인 신념에 대해서는 그것을 고수하려는 성향을 보인다. 사실이 믿음을 생성하는 것이 아니라 믿음이 사실을 만들어 내는 현상은 지난 인류의 역사 속에서 수없이 목격되었다. 때문에 '단일민족사관이 허구일 수도 있다'는 의문과 '한민족은 단일민족이다'라는 믿음 사이의 혼란은 당분간 불가피할 것이다.

어쩌면 단일민족사관을 맹신하는 사람들 중에는, 원래 우리 민족은 단일민족이었지만 중세 이후 외래 민족을 수용하면서 '피가 흐려졌다'는 논리를 펴는 이가 있을지도 모른다. 이러한 논리는 자칫 지금이라도 순수혈통을 보전하기 위해 이민족의 유입을 막아야 한다는 위험한 생각으로 발전할 수도 있다. 이런 위험한 생각들이 2차 세계대전 당시의 독일과 1990년대 보스니아, 그리고 지금도 지구촌 곳곳에서 자행되고 있는 '인종 청소'라는 인류 역사의 어두운 기억으로 연결되는 것은 결코 무리가 아니다.

이제 우리는 새로운 의문을 향해 나아가야 한다. 그 의문이란, 사실적 근거가 빈약한 상황에서 우리는 어떻게 단일민족사관을 우리 민족의 정체성으로 받아들이게 되었는가 하는 것이다. 과연 우리의 조상들은 우리 민족을 단일민족으로 여겼을까? 우리 민족은 원래부터 단일민족사관을 전통적인 민족사관으로 받아들이고 있었을까?

우리 사회는 다문화사회로 변해 가고 있다.
이제는 민족의 정체성에 대한
새로운 방향을 고민해 보아야 할 때다.

Chapter **3**

단일민족
신화의 탄생

단일민족이 성립하기 위해서는 단 한 사람의 시조가 있어야 한다. 우리 민족은 이러한 조건을 충족시키는 신화와 인물을 갖고 있다.

하늘을 다스리는 환인의 아들 환웅은 인간 세상을 다스리고자 하였다. 환인은 환웅의 뜻을 헤아려 환웅으로 하여금 세상을 다스리게 하였다. 환웅은 무리 3천을 거느리고 태백산 정상 신단수 부근으로 내려와 그곳에 도시를 건설하고 스스로를 환웅천왕이라 하였다. 환웅천왕은 인간의 360가지 일을 주관하며 이치로써 세상을 다스렸다.

어느 날 곰 한 마리와 호랑이 한 마리가 나타나 환웅에게 사람이 되기를 간청했다. 환웅은 신령스러운 쑥 한 타래와 마늘 스무 개를 그들에게 주면서, 이것을 먹고 백 날 동안 햇빛을 보지 않으면 곧 사람이 되리라고 말하였다.

호랑이는 견디지 못하고 포기했으나, 환웅의 명을 지킨 곰은 21일째에 사람의 몸을 얻어 여자가 되었다. 곰에서 여자로 변한 웅녀는 신단수 아래에서 잉태하게 해 달라고 빌었다. 이를 본 환웅은 잠시 사람으로 변하여 웅녀와 혼인하였다. 웅녀가 잉태하여 아들을 낳고, 이름을 단군왕검이라 하였다.

단군왕검은 중국의 임금 요가 다스리던 시절(기원전 2333년)에 평양성에 도읍을 정하고 나라를 세웠다. 나라의 이름은 '조선'이라 하였다. 단군은 1500년 동안 나라를 다스렸다.

위의 이야기는 우리 민족의 시조로 여겨지는 단군왕검의 신화다. 현대에까지 전해지고 있는 우리나라의 역사서 중에 가장 먼저 단군신화를 기록한 책은 고려시대의 승려 일연이 쓴 『삼국유사』다. 일연은 단군신화를 『고기(古記)』의 기록에서 인용했다고 밝히고 있는데, 『고기』는 현대에 전해지지 않기 때문에 그 내용을 알 수는 없다.

『고기』가 현대에 전해지지는 않지만, 단군신화가 『삼국유사』 이전의 역사서에 기록되어 있었다는 점에서 추론하면, 민간전승으로 전해져 내려온 단군신화는 지금은 소실된 고대의 여러 역사서에 그 내용이 수록되면서 고려시대에까지 이르렀을 것이라는 추측이 가능하다.

다시 말해서 단군신화는 어느 특정한 시대에 창작된 이야기가 아니라, 우리 민족이 세운 초기 국가의 건국 과정을 말해 주는 역사의 중요한 한 페이지인 것이다.

그런데 『삼국유사』와 곧잘 비교되고는 하는 역사서 『삼국사기』에는 단군신화에 관한 기록이 누락되어 있다는 사실이 흥미롭다. 고려 인종 23년(1145년)에 학자 김부식이 편찬한 『삼국사기』는 현재 전해지는 가장 오래된 역사서로, 방대하고도 정확한 역사적 사실들을 담고 있어 사료적 가치가 매우 높다. 『삼국사기』 편찬은 왕이 직접 명을 내려 진행된 국가적 대사업이었다. 이러한 초대형 프로젝트에서 우리 민족의 기원을 설명하는 신화가 누락되었다는 사실은 쉽게 이해가 되지 않는다.

그런데 바로 이 지점에서 『삼국사기』와는 다른 『삼국유사』만의 의미가 도출된다. 『삼국사기』를 편찬한 김부식은 정사(正史)를 중심으로 기술하면서 신화와 설화는 가급적 배제하는 입장을 취했다. 그래서 신라와 고구려, 백제의 신화와 설화는 짧게나마 기술을 하면서도 시간적으로 먼 고조선의 신화는 굳이 기록하지 않았던 것이다. 김부식보다 후대에 태어난 일연은 『삼국사기』에서 소홀히 다루었거나 빠뜨린 기록들을 보충하면서 『삼국유사』를 지었는데, 유사(遺事)라는 말 자체가 '누락된 사건'을 의미하고 있어 일연의 집필 의도가 잘 드러난다. 특히 일연이 『삼국유사』를 편찬한 시기는 고려가 몽골의 계속되는 침략으로 신음하던 때여서 민족의 자주의식이 강하게 대두되고 있었다. 일연은 『삼국유사』를 저술하면서 그와 같은 민족감정을 여실히 반영하고자 했고, 단군신화는 우리 민족의 자주성과 정체성을 드러내는 키포인트였던 것이다.

단군, 국난 극복의 구심점이 되다

일연이 『삼국유사』를 편찬한 때(1281년 전후로 추정)로부터 몇 년 지나지 않은 1287년에 또 한 편의 단군신화가 나타난다. 고려 말의 문신 이승휴가 쓴 『제왕운기(帝王韻紀)』에서다. 『제왕운기』에서 단군신화와 우리 민족의 관련성은 『삼국유사』에서보다 한층 더 강화된다. 일연이 단군신화를 기록하면서 고조선을 우리 역사로 편입한 데서 한 걸음 더 나아가, 이승휴는 『제왕운기』에서 고조선 이후 우리의 역사권과 문화권에서 성립된 모든 국가의 시조가 단군임을 분명히 천명하고 있기 때문이다.

이승휴가 『제왕운기』를 쓴 시기는 고려가 몽골에 패하고 원에 복속된 때였다. 정치적으로는 권문세가와 친원세력이 장악하고 있었고, 사회적으로는 귀족을 중심으로 원의 풍습이 유행하면서 고려의 전통적인 미풍양속이 위협을 받고 있었다. 이처럼 혼란스러운 시기에 이

근대 이후 70여 년 동안 단군은 민족 시조로서의 지위를 누렸다. 하지만 단일민족사관에 관한 새로운 해석이 가해지면서 단군의 역사적 위치도 새롭게 정립해야 한다는 의견이 대두되고 있다.

승휴는 『제왕운기』를 통해 우리 민족이 하늘의 자손임을 강조하면서 민족의 자주의식을 강하게 드러내고자 했던 것이다. 이와 같이 단군신화는 나라의 명운이 위기에 처했을 때 민족과 백성의 뜻을 한 곳으로 모으는 구심점으로서 새롭게 부각되고는 했다.

일제강점기에 이르면 단군신화는 '신화'에 머무르지 않고 '역사적 현실'로서 당당하게 등장한다. 이 시기에 나타난 『규원사화(揆園史話)』와 『환단고기(桓檀古記)』에는 고조선을 다스린 초대 왕부터 47대 왕까지의 명칭과 치적이 기술되어 있다. 『규원사화』는 1675년에 북애자라는 미지의 인물이 지었다고 전해지는데, 이것이 일반에 처음으로 공개된 것은 일제강점기였던 1925년이었다. 『환단고기』는 고대로부터 은밀하게 전해 내려온 사서를 묶어 1911년 30부를 출간했으나 모두 소실되었다고 전해지며, 정식으로 출간된 것은 1979년의 일이다. 하지만 『규원사화』와 『환단고기』 모두 20세기 이후에 만들어진 위작(僞作)이라는 논란이 일고 있어, 사료적 가치는 정식으로 인정받지 못하고 있다.

『규원사화』와 『환단고기』가 위작이냐 아니냐 하는 문제는 이 책에서 다루고자 하는 쟁점이 아니다. 중요한 사실은 우리 민족이 수난을 당하고 위기에 처할 때마다 어김없이 단군신화가 등장하여 민족을 응집시키는 구심체로서 역할을 했다는 점이다. 뿐만 아니라 『삼국유사』에서는 단군신화가 우리 역사에 편입되고, 『제왕운기』에서는 단군이 우리 민족이 세운 국가들의 시조로 확정되며, 『규원사화』와 『환단고기』에 이르러서는 단군신화 자체가 실제 역사로 등장하는 과정을 거치면서 단군신화와 우리 민족의 관련성이 차츰 강화되고 있다는 점도 매우 흥미롭다.

신화는 실제 역사가 아니다. 하지만 신화 속에는 신화가 생성되던 시대의 역사적 상황과 옛 사람들의 생각을 읽어 낼 수 있는 암호가 숨어 있다. 예를 들어, 하늘에서 내려온 환웅과 곰에서 인간으로 탈바꿈한 웅녀가 혼인하여 단군왕검을 낳았다는 이야기의 구조는 태양신을 숭배하는 종족과 곰을 숭상하는 종족이 결합하여 부족국가를 성립했다는 해석이 가능하다. 또한 '환인→환웅→환웅과 웅녀의 혼인→단군'으로 이어지는 이야기의 전개과정이 무리사회에서 부락사회, 부락연맹체를 거쳐 부족국가로 발전하는 한민족의 역사적 체험을 상징하고 있다고 보는 견해도 있다. 그리고 단군신화는, 우리 한민족은 하느님의 자손으로서 긍지와 자부심을 갖는 것과 동시에 하느님의 자손답게 부끄럽지 않게 살아야 한다는 메시지를 전하고 있으며, 이 신화 속에는 하늘과 땅과 사람의 관계를 탐구하는 인문학적 고찰과 철학이 담겨 있다.

따라서 단군 이야기가 실제 역사가 아니라 하더라도 그 의미가 축소되거나 한낱 '옛날이야기'로 여겨질 수는 없는 것이다. 앞서 밝힌 것처럼, 단군신화에는 우리 민족이 세운 최초의 국가가 형성되던 시

단군신화는 우리 민족의 뜻을 한 곳으로 모으는 구심점 역할을 했다.

기의 역사적 코드와 우리 민족이 세상을 바라보는 시각과 생각이 담겨 있기 때문이다.

단군은 우리 민족의 시조인가?

2009년, KBS는 '단군에 관한 한국인의 의식조사'라는 설문조사를 실시했다(이는 단군왕검에 관한 드라마를 제작하기에 앞서 시청자들의 인식을 조사한 것으로 보인다). 그런데 이 설문조사의 결과는 '단군신화'와 '단군'에 대해서 한국인들이 어떻게 인식하고 있는지에 관한 매우 흥미로운 사실을 보여 주고 있다.

먼저 '단군 이야기는 신화인가, 역사인가?'라는 질문에는 대상자의 65.7%가 '신화'라고 대답해 '역사'라고 답변한 대상자의 2배 가까운 비율을 보였다(사실 단군신화를 역사로 인식한다고 답변한 비율이 34.3%나 된다는 것은 매우 놀라운 일이다). 그리고 단군신화가 신화적 상징으로 표현된 역사라는 주장에 공감하는 비율이 62.3%를 기록했다. 이는 과반수의 한국인이 단군신화가 역사적인 사실은 아니지만, 그 속에는 고대사의 흐름을 읽어 낼 수 있는 코드가 담겨 있다고 인식하고 있음을 보여 주고 있다.

그런데 '단군이 우리 민족의 시조인가?'라는 질문에 대해서는 대상자의 79.1%가 '그렇다'라고 답변해 단군이 민족의 시조로서 절대적인 지지를 얻고 있음을 보여 준다. 바로 여기에서 흥미로운 점이 발견된다. 단군 이야기를 신화로 인식하고 있는 비율이 65.7%인데, 단군을 우리 민족의 시조라고 인식하는 비율이 79.1%라는 점은 무언가 앞뒤가 맞지 않기 때문이다.

위의 두 가지 질문에 대한 대상자들의 답변을 문장으로 정리하면 이렇게 된다.

'단군 이야기는 신화이지 역사적 사실은 아니다. 하지만 단군은 우리 민족의 시조다.'

설문조사에 응한 대상자들은 하늘에서 내려온 천신이 곰에서 인간으로 변한 웅녀와 혼인을 해서 아들을 낳는 이야기에는 과학적 잣대를 적용하여 '신화'라고 규정하면서도, 단군이 우리 민족의 시조인가 하는 질문에서는 합리적인 태도보다는 선험적인 기억에 의존하는 모습을 보인다. 왜 이런 결과가 나타났을까? 혹시 이것은 그만큼 우리의 의식 속에 단일민족을 희구하는 욕구가 강하게 자리 잡고 있다는 사실을 보여 주는 것은 아닐까?

그렇다면 먼저 단군왕검이 우리 민족의 시조일 가능성에 대해서 알아보자.

학계는 한국과 중국의 역사적 자료를 근거로 고조선이 성립한 시기를 기원전 2333년으로 보고 있다(이를 반박하는 주장도 많다). 기원전

2300년대 무렵의 한반도는 신석기 후기에 속한다. 그런데 한반도에서는 구석기 시대부터 사람이 살기 시작했다는 흔적이 발견되고 있다. 북한의 웅기 굴포리와 남한의 공주 석장리에서 발굴된 선사유적지가 대표적이다.

그리고 고조선이 세워진 위치에 대해서는, 지금의 평양을 중심으로 한 대동강 유역이었다는 설과 남만주 일대와 한반도 서북부 지역을 포괄하고 있었다는 설, 그리고 만주 일대에서 대동강 유역으로 이동했다는 설 등이 팽팽하게 맞서고 있다. 이와 같은 학계의 가설을 포괄적으로 수용한다 하더라도 한반도 내에서 고조선이 차지하는 영토는 한강 이남을 넘지 않는다(역사학자 이덕일은 고조선의 남쪽 영토에 한반도 전체를 포함시키고 있다). 하지만 서울의 암사동 유적지는 기원전 5000년경에 형성된 것으로 보이고, 부산 영도의 동삼동 패총에서 발견된 유물들은 탄소연대측정법을 적용한 결과, 기원전 6000년의 것으로 나타났다.

이상의 자료들을 바탕으로 생각할 때, 기원전 2333년에 고조선을 세운 단군을 우리 민족의 시조로 보는 것은 이치에 맞지 않는다. 고조선이 성립되기 훨씬 이전부터 한반도 전역에 걸쳐 사람이 살았기 때문이다. 따라서 단군신화는 민족의 출발을 알리는 민족의 탄생신화가 아니라, 한민족이 최초로 세운 국가에 관한 건국신화라고 보는 것이 타당하다. 『제왕운기』에서 단군과 우리 민족의 관련성을 강화시켰던 이승휴도 단군을 우리 민족의 시조로 본 것이 아니라 단군조선 이후 우리 역사권에서 성립된 국가들이 단군조선의 계승자임을 밝히고 있을 뿐이다.

역사의 무대가 조선으로 넘어온 뒤 세종대왕은 평양에 단군 사당을 세우고 위패를 봉안하는 문제를 놓고 조정의 대신들과 대립한다. 세종은 단군의 위패를 봉안하자는 입장이었고, 조정의 정치인들은 이를 반대하는 입장을 취했다. 이것은 중국(명)에 사대하던 정치인들과 조선의 자주성을 바로 세우려던 세종의 정치적 대립이 빚은 사건이었다. 그런데 이 역사적 상황을 통해서 보건대, 당대의 조선 정치인 대부분이 단군의 정통성을 인정하지 않으려 했던 것으로 여겨진다.

이상의 역사적 정황들을 두고 판단해 볼 때, 단군이 우리 민족이 세운 국가들의 시조라는 인식은 극히 일부의 지식인들만이 가지고 있었던 생각이지, 백성들 대부분이 공유하고 있던 보편적인 것이 아니었다. 단군은 국가가 위기에 처했을 때, 외부 세력에 대항해 백성을 결속시키고자 한 지식인과 정치인의 구호로서 등장했던 것이다.

그런데 일제강점기에 이르러 서양으로부터 민족이라는 개념이 수입되고 지식인들을 중심으로 민족의식이 싹트기 시작한다. 이렇게 자라난 민족의식은 국가가 위기에 직면하면 어김없이 등장했던 단군신화와 융합하면서 뜻밖의 방향으로 진행되었다. 그것이 바로 단일민족 사관이다.

우리 역사 속의 다문화사회와 단일민족 신화의 탄생

우리나라에서 '단일민족'이라는 용어와 개념이 언제 처음 나타났는지 그 기원을 정확하게 밝히는 정설은 아직 없다. 단지 일제강점기에 민족주의 논의가 활발하게 진행되던 중 일본의 '내선일체'라는 식민지 정책에 대한 반발로 단일민족사관이 대두되었다는 추정이 가능할 뿐이다.

우리나라에서 민족이라는 개념을 구체적으로 정의한 최초의 인물은 구한말의 역사가였던 단재 신채호였다. 그는 1908년 대한매일신보에 연재한 「독사신론(讀史新論)」을 통해 민족 개념을 우리의 고대사와 연결하여 체계적으로 진술하고 있다. 신채호는 '동국(東國, 일제강점기에 사용된 우리나라의 별칭)' 민족을 구성하는 종족이 부여족, 선비족, 말갈족, 지나족(당시 중국의 한족을 지칭), 여진족, 토족 등 여섯 종족이라고 설명하면서, 부여족이 나머지 다섯 종족을 흡수하고 통합하면서 동국 민족의 주인이 되었다고 밝힌다. 그리고 부여족의 건국 시조가 단군이므로 우리 민족의 뿌리를 단군에서 찾아야 한다고 말하고 있다.

신채호의 민족주의는 단일민족론에서 출발한 것이 아니었다. 그는 우리 민족이 다민족으로 구성되어 있음을 인식하고 있었다. 신채호는 부여족을 우리 역사의 주류로 인식하고 부여족이 세운 국가들의 건국 시조 자리에 단군을 위치시켰을 뿐, 그의 민족주의가 순혈주의를 강조한 것은 아니었다. 그의 민족주의는 조선을 거치면서 민족정신을 매몰시켰던 사대주의를 극복하고 일제의 식민지 정책에 대항하면서 민족의 단결과 응집을 강화하기 위한 정신적 민족주의의 성격이 강했다. 단재 신채호의 민족주의를 단일민족론의 출발점이라고 보는 후대의 견해는 단군과 민족 개념을 함께 설명하면서 그가 부여족이라는 주류 종족을 우리 역사의 주인공으로 내세웠던 데서 오는 오해인 것이다.

신채호가 지적했듯이, 우리 민족은 고래로부터 주류 부족과 주변 부족을 포용하고 융합하면서 한민족으로 통합되었다. 예맥족이 주류 종족이었던 고구려는 4~5세기경 급속도로 영토를 확장하는 과정에서 같은 예맥족인 부여인은 물론 동예와 옥저, 낙랑, 대방, 요동지역의 주민들을 폭넓게 흡수했고, 말갈족과 거란족, 선비족 등도 고구려 주민으로 편입했다. 이로써 고구려는 주류 종족인 예맥족의 인구보다 이종족의 인구가 더 많은 다종족 국가의 면모를 갖추게 된다.

고려시대에는 타민족을 수용하고 흡수하는 귀화정책을 보다 적극적으로 실행했다. 이때 고려로 귀화한 사람들은 고려 주변 국가의 전 종족에 걸쳐 있었다. 고려는 이들 귀화인들을 수용하여 생업의 터전을 마련해 주고 관직을 수여함으로써 고려 백성으로 정착하도록 정책적으로 도왔다. 또한 3차에 걸친 거란과의 전쟁 중에 고려에 투항하거나 포로로 잡힌 거란인들이 수만 명에 달했다고 한다. 이들 역시 고려의 주민으로 편입되었다. 이와는 다른 상황이기는 하지만, 29년 동안 이어진 몽골(원)의 침입과, 이후에 이어진 몽골의 지배 아래에서 고려 사회는 문화, 사회, 경제, 정치 등 거의 전 분야에서 몽골의 영향을 받지 않을 수 없었으며, 생물학적으로도 큰 영향을 받았을 것으로 추정된다.

조선은 건국 시점에서부터 이민족의 활약이 두드러진다. 조선의 개국공신인 이지란은 본명이 쿠룬투란티무르로, 여진족 출신이었다. 이지란은 고려 말부터 이성계와 함께 고려군의 장수로서 혁혁한 공을 세웠고, 조선 개국의 시발점이 된 위화도회군에도 참가했다. 이에 이성계는 그를 개국공신 1등에 책록했다. 이성계는 여진족을 조선 사람과 혼인하게 했고, 병역과 세금도 똑같이 내게 하는 등 여진족이 조선인으로 편입되도록 하는 정책을 적극적으로 펼쳤다. 그리고 왜인에 대해서도 관대한 수용정책을 펼쳤다. 왜구 중에 투항한 사람들에게는 집과 토지, 재물, 관직을 주어 조선에 살도록 했다. 임진왜란 당시에도 조선에 투항하거나 귀화한 왜인이 적지 않았는데, 선조는 진심으로 투항해 오는 왜인들을 모두 수용하라는 명을 내렸다.

이와 같이 우리 민족은 고대부터 이민족에 대해 관대했을 뿐만 아니라 주변 종족들을 적극적으로 수용하는 정책을 펼쳤다. 우리 민족이 세운 국가들은 대대로 다문화사회를 지향해 왔던 것이다.

근대에 이르러 신채호의 「독사신론」 이후 우리나라 지식인들 사이

우리의 전통 탈 속에는 참으로 다양한 얼굴이 새겨져 있다.

에는 민족주의 논의가 활발하게 전개된다. 신채호에 의해 촉발된 민족 개념은 1919년 3·1운동을 거치면서 대중화되었고, 이후 개화 지식인들이 민족주의의 다양한 방향을 모색하던 중 일본의 단일민족론에 맞서는 저항적 민족주의로서 단일민족사관을 채택하게 된다.

일본은 1880년대 이후 유럽 열강들과 미국이 아시아에 대한 지배권을 강화하려고 시도하는 가운데 위기의식과 민족의식이 높아졌고, 이때 천황을 중심으로 한 단일민족론이 대두되었다. 일본의 단일민족론은 독일의 단일민족사관으로부터 영향을 받은 것이었다. 하지만 독일은 4세기부터 6세기까지 계속된 민족의 대이동 과정에서 게르만족과 켈트족, 슬라브족이 혼합되었기 때문에 '단일민족'임을 자처할 처지가 아니었다. 일본 역시 한반도에서 건너간 사람들과 일본 열도의 원주민 사이의 혈통적 융합이 일어났기에 단일민족을 주장할 입장이 못 되었다. 하지만 민족을 통합함으로써 국민의 결속력을 강화하려는 의지와 목적 앞에서 과거 역사의 이력은 아무런 방해물이 되지 않았다. 민족적 우월성을 주장하는 독일의 단일민족사관은 일본으로 전해져 일본의 단일민족론을 탄생시켰고, 우리나라에서는 일본의 단일민족론에 대항하는 저항적 민족주의로서 단일민족사상이 등장했던 것이다.

문헌상으로 한국인의 단일민족론을 최초로 제기한 사람은 이광수다. 그는 1933년에 발표한 「조선민족론」이라는 논설에 이렇게 적고 있다.

우리의 전통 탈 속에는 참으로 다양한 얼굴이 새겨져 있다.

에는 민족주의 논의가 활발하게 전개된다. 신채호에 의해 촉발된 민족 개념은 1919년 3·1운동을 거치면서 대중화되었고, 이후 개화 지식인들이 민족주의의 다양한 방향을 모색하던 중 일본의 단일민족론에 맞서는 저항적 민족주의로서 단일민족사관을 채택하게 된다.

일본은 1880년대 이후 유럽 열강들과 미국이 아시아에 대한 지배권을 강화하려고 시도하는 가운데 위기의식과 민족의식이 높아졌고, 이때 천황을 중심으로 한 단일민족론이 대두되었다. 일본의 단일민족론은 독일의 단일민족사관으로부터 영향을 받은 것이었다. 하지만 독일은 4세기부터 6세기까지 계속된 민족의 대이동 과정에서 게르만족과 켈트족, 슬라브족이 혼합되었기 때문에 '단일민족'임을 자처할 처지가 아니었다. 일본 역시 한반도에서 건너간 사람들과 일본 열도의 원주민 사이의 혈통적 융합이 일어났기에 단일민족을 주장할 입장이 못 되었다. 하지만 민족을 통합함으로써 국민의 결속력을 강화하려는 의지와 목적 앞에서 과거 역사의 이력은 아무런 방해물이 되지 않았다. 민족적 우월성을 주장하는 독일의 단일민족사관은 일본으로 전해져 일본의 단일민족론을 탄생시켰고, 우리나라에서는 일본의 단일민족론에 대항하는 저항적 민족주의로서 단일민족사상이 등장했던 것이다.

문헌상으로 한국인의 단일민족론을 최초로 제기한 사람은 이광수다. 그는 1933년에 발표한 「조선민족론」이라는 논설에 이렇게 적고 있다.

단일민족 신화의 탄생

조선 민족이 혈통적으로, 문화적으로 대단히 단일한 민족이라는 것은 우리 조선인 된 이는 누구나 분명히 의식하여 일점의 의심도 없는 바다.

하지만 이광수가 이러한 주장을 한 이후 단일민족론은 내선일체 정책을 편 일본의 탄압으로 인해 해방이 되기 전까지는 공식적으로 등장하지 않는다. 그러다가 해방이 되고 남북이 분단될 위기에 처했을 때 김구는 "우리 민족 개개인의 혈관 속에는 다 같이 단군 할아버지의 성스러운 피가 흐르고 있다"며 단일민족론을 제기했고, 1945년 모스크바 3상회의에서 미국, 영국, 중국, 소련의 신탁통치안이 의결되었을 때 이에 반대한 여운형 등은 "4천 년 동안 단일민족의 국가로 독립해 찬연한 문화를 발전시켜 온 우리 민족"을 부각시키며 단일민족론을 시사하는 입장에 있다.

이후 남과 북의 전쟁 가능성이 임박해지자 민족의 화합을 염원하는 대중들 사이에서 단일민족사관은 우리 민족을 대표하는 보편적 민족주의로 자리를 잡는다. 그리고 한국전쟁을 거치고 사회 전체적으로 이데올로기의 대립과 혼란을 겪으면서 정치인들은 사회의 균열을 봉합하는 장치로서 단일민족론을 우리 민족의 전통적 민족의식으로 포장하고, 이를 학교 교육에도 도입한다.

국가의 근대화가 급속도로 진행되던 시대에 단일민족사상은 국민의 희생을 정당화하는 이념적 원리로서 작용하게 된다. 국민 개개인을 혈통으로 연결된 단일민족이라는 이념 속에 귀속시키고 국가와 민족을 동일화시킴으로써, 부지불식간에 지금 내가 겪는 고생과 희생이 민족의 앞날을 위해서는 불가피한 것이라는 의식을 심고자 했던 것이다.

어떻게 보면 단일민족사관은 사실을 반영한 것이 아니라, 일제강점기와 한국전쟁 등 근현대사의 격랑을 지나오는 동안 하나가 되어 위기를 헤쳐 나가자는 위기의식과 민족적 염원이 하나의 믿음과 사실로 굳어진 것인지도 모른다. 그리고 오랜 시간 동안 단일민족국가라는 인식에 길들여진 한국인의 대부분은 민족이 곧 국가라는 생각을 품고 살아왔다. 민족이 존재했기 때문에 국가가 탄생할 수 있었다는 논리는 얼핏 진실처럼 들린다. 하지만 이것은 사실이 아니다. 지난 인류의 역사는 민족이 응집한 결과물로 국가가 탄생한 것이 아니라, 국가의 성립으로부터 민족이 탄생한다는 사실을 말해 준다. 이탈리아의 정치인인 마시모 다젤리오가 한 말은 민족과 국가의 관련성에 대한 진실의 일면을 보여 준다. 그는 이탈리아가 통일된 뒤 이렇게 말했다.

"이탈리아를 만들었다. 이제 남은 일은 이탈리아인을 만드는 것이다."

단일민족사관을
극복해야 하는 이유

우리가 지금까지 한민족이 단일민족이라는 믿음을 갖고 살아 왔던 것은 어쩔 수 없는 일이었다. 학교로부터 그런 가르침을 받아 온 이유도 있겠지만, 국민의 결속을 다지게 만드는 동시에 단일민족국가의 국민이라는 은근한 자부심을 갖게 만든 단일민족사관은 의심할 바 없이 긍정적인 신념으로 받아들여졌기 때문이다. 그래서 우리는 그동안 우리 민족이 단일민족인가 아닌가 하는 사실 여부를 가릴 필요성조차 느끼지 않았다.

그리고 어떤 이들은 우리 민족이 단일민족이냐 아니냐를 따지는 것은 중요한 문제가 아니라고 말할지도 모른다. 우리가 혈연으로 이어진 단일민족이라는 믿음은 국론을 한 곳으로 모으는 구심점이 되었고, 그러한 믿음은 우리나라가 전쟁을 딛고 일어나 세계가 깜짝 놀랄 만큼 빠른 속도로 근대화를 이루고 경제를 일으킬 수 있었던 정신적 원동력이었다. 지난 시절을 돌이켜보건대, 단일민족사관이 국력을 신장하는 데 순기능을 했음은 의심의 여지가 없다. 때문에 한민족이 단일민족이라는 믿음이 사실무근의 환상이라 할지라도 많은 사람들이 단일민족사관을 우리 민족의 정체성으로 계속 고수하자는 입장을 취할 수도 있다.

그동안 우리 민족이 단일민족이라는 믿음에 의혹을 제기하거나 회

지금까지 우리의 단일민족사관은 우리나라의 국력을 키우는 데 큰 역할을 해 왔다. 하지만 다문화사회라는 새로운 형태의 사회를 맞아 우리는 민족과 국민에 대한 새로운 가치관을 정립해야 하는 기로에 서 있다.

의적인 입장을 취하는 의견이 없었던 것은 아니다. 하지만 이러한 의견이나 주장은 단일민족사관이 국민을 결속시키는 최상위 가치관으로서 지위를 누렸던 시기에는 변방의 메아리에 지나지 않았고, 때로는 민족정서를 해치는 불온한 사상으로 간주되기도 했다.

그런데 최근 들어 우리 민족이 단일민족이 아님을 이야기하는 주장과 과학적 근거들이 국민의식의 오랜 퇴적층을 뚫고 표면에 떠오르기 시작했다. 상황이 이렇게 급변하게 된 가장 큰 이유는 대한민국 사회가 매우 빠른 속도로 다문화사회로 진입했기 때문이다.

2011년 9월 현재 우리나라에 입국한 외국인근로자의 수는 미등록 외국인근로자를 포함해 80만 명에 육박하고 있고, 10쌍 중 1쌍이 국제결혼을 하면서 다문화가정이 빠르게 확산되고 있으며, 따라서 다민족 간에 출생한 자녀들도 급속도로 늘어나고 있다. 여기에 중국에 머물던 '조선족' 사람들과 구소련 지역의 '고려인'들이 유입되고 있고(엄밀히 말해서 중국과 구소련 지역에 살고 있는 우리 민족을 일컫는 '조선족', '고려인' 등의 명칭은 중국과 구소련이 우리 동포를 구분하기 위해 붙인 이름이므로 차별적이라고 할 수 있다. 따라서 중국 교포, 러시아 교포, 카자흐스탄 교포 등으로 순화해서 표현해야 한다), 비즈니스나 학업과 관련하여 한국에 상주하는 외국인의 숫자도 점점 늘어나고 있다. 대한민국 사회의 다문화화는 피할 수 없는 숙명이 된 것이다.

이러한 사회의 변화에 맞추어 교육부는 2008년까지 학교 교과서에

존속했던 단일민족사관과 관련된 내용을 폐기하고 2009년부터 그 자리를 다문화 교육으로 대치했다. 언론의 사설과 기사들도 다문화사회로 향하기 위한 첫 번째 관문이 단일민족사관을 극복하는 것이라고 강조하기 시작했다. 정치계 인사들과 학자들로 구성된 포럼과 세미나는 단일민족론이 근대사의 '잘못 끼워진 단추'라는 식으로 몰아붙였다. 1908년 단재 신채호의 「독사신론」에 의해 촉발된 민족주의로부터 수정과 퇴고를 거듭하면서 합의 과정을 거쳐 70여 년 동안 우리의 의식을 지배해 온 단일민족사관은 하루아침에 뜨거운 감자로 전락하고 말았다.

하지만 단일민족사관이 참이냐 거짓이냐는 문제를 두고서 지나치게 대립하거나 논란을 벌이는 것은 바람직하지 않다. 우리 한민족이 단일민족이라는 과학적 근거가 부족한 것이 사실이지만, 그렇다고 해서 우리의 단일민족성을 부정할 만한 결정적인 증거가 발견된 것도 아니다. 고고학적 발견과 생물학적 근거들 역시 아직은 가설에 지나지 않는다. 지금까지 이 글이 우리의 단일민족성을 의심하는 쪽에 무게를 두고 여러 가지 근거를 제시했던 것은 너무나도 굳건하게 자리매김한 단일민족사관을 새로운 관점에서 바라보자는 의도였다.

지금까지 우리는 우리가 '한 형제'임을 믿어왔다. 그리고 그 믿음 덕분에 참으로 많은 것을 이루었다. 하지만 우리 사회의 숙명적인 흐름인 다문화사회를 맞이하기 위해 이제 우리는 우리 자신의 정체성에

우리 각자는 세상을 이루는 퍼즐 조각이다.
모든 사람이 존재의 의미를 지니고 있다.

대해서 다시 생각해야 하는 순간에 맞닥뜨렸다. 우리의 단일민족성과 단일민족사관이 이 땅에서 우리와 함께 살아가는 이민족과 타인종을 배척하고 차별하는 도구가 되어서는 안 되기 때문이다.

그리고 여기에서 생각해 봐야 할 또 한 가지 중요한 문제가 있다. 학교 교육과 언론, 각종 세미나와 포럼 등은 단일민족사관을 극복해야 하는 이유를 우리나라가 다문화사회가 되었다는 데에 초점을 맞추어 설명하고 있는데, 한국사회의 다문화화는 단일민족사관을 극복해야 하는 여러 가지 이유 가운데 하나이지 결코 그것이 전부는 아니라는 사실이다. 사회의 변화에 맞추어 의식을 급격하게 개선하려는 형태의 섣부른 의식개혁은 오히려 '역차별론'을 불러일으킴으로써 이 땅에 살고 있는 외국인과 귀화외국인, 다문화가정의 청소년 등을 '적'으로 돌려세우는 정서적 반발을 불러일으킬 수 있다. 따라서 이어지는 〈Part 2〉에서는 현재 우리 사회에서 벌어지고 있는 실제 사례들을 바탕으로 단일민족사관에 내재해 있는 문제점들을 파헤쳐, 우리가 단일민족사관을 극복해야 하는 보다 근본적인 이유가 있음을 말하고자 한다.

그 첫 번째 쟁점은 역시 다문화사회와 단일민족사관의 충돌이다. 국제이주기구(IOM)의 보고에 의하면, 2005년을 기준으로 세계 인구의 35명 중 1명이 자신의 국적이 아닌 국가에서 생활하고 있다고 한다. 다문화화는 대한민국이나 일부 선진국에서만 일어나고 있는 변화가 아니라, 전 지구적으로 진행되고 있는 인간 생활양식의 트렌드다. 이제 어느 국가도 다문화로부터 자유로울 수 없으며, 이러한 변화는 앞으로 더욱 가속화될 것이다. 따라서 다문화 현상은 대한민국이라는 사회만이 안고 있는 지엽적인 문제가 아니라 세계 속에서 진행되고 있는 새로운 질서와 변화라는 인식으로 받아들여야 한다.

두 번째로는 단일민족사관에 내재해 있는 잡종 콤플렉스와 순혈주의에 관한 것이다. 혈통을 강조하는 순혈주의는 단순히 생물학적 배타성만을 야기한 것이 아니라, 우리 사회에 만연해 있는 학연, 지연 등의 '편 가르기'와 연결되고 있다.

세 번째로, 타인과 나의 차이를 존중하고 다양성을 인정하는 건강한 사회를 만들기 위해서도 단일민족사관은 반드시 극복되어야 한다는 사실에 대해서 이야기할 것이다. 이를 통해 단일민족사관이 어떻게 소수자 문제, 왕따 등의 사회문제에 영향을 미치고 있는지 살펴볼 것이다.

네 번째로는 자민족 중심주의를 들 수 있다. 이 문제를 들여다보면서, 같은 외국인을 대할 때도 잘사는 나라에서 온 외국인과 못사는 나라에서 온 외국인을 차별해서 대하는 우리의 행태에 내재해 있는 의식을 다루는 한편, 우리와 같은 '민족'인 중국 동포와 구소련 동포, 그리고 중간입국자 문제에 대해서도 논의하게 될 것이다.

단일민족사관은 한민족과 이민족 간의 갈등만을 유발하는 것이 아니다. 단일민족사관에 내재해 있는 배타성과 순혈주의, 혈통 중심의 사고 등은 같은 민족 간에도 파벌을 형성하도록 만들고 차별의식을 조장한다. 그리고 단일민족사관은 국가의 성장과 발전이라는 측면에서는 순기능을 발휘할 수 있지만, 다양성과 공존, 삶의 질이라는 측면에서 생각할 때는 역기능으로 작용할 수 있다. 단일민족사관을 극복해야 하는 이유는 대한민국 사회가 다문화사회로 진입했기 때문만은 아니다. 단일민족사관을 극복한다는 것은 사회의 변화에 발맞추어 국민의식의 궤도를 수정해야 하는 차원을 넘어, 성장과 발전을 향해 숨차게 달려오는 동안 우리가 놓치고 잃어버린 사회적 심성을 회복하는 것이다.

미국에서 온 흑인 여성 레슬리 벤필드 씨는 2006년에 이미 단일민족 이념이 지닌 위험성을 우리에게 경고했다. 그녀가 그런 생각을 할 수 있었던 것은 그만큼 한국을 사랑했기 때문이었고, 또한 이방인으로서 이 땅에서 살아가며 한국인이 지닌 폐쇄성과 배타성을 절실하게 경험했기 때문이었을 것이다.

사회의 변화를 체험하고 거리에서 심심찮게 외국인을 접하면서 다문화에 관한 생각들도 달라지기 시작했다. 하지만 아직도 이 땅에는 차별과 가혹행위 속에 상처를 입고 살아가는 사람들이 많다. 우리가 그들을 돌아보지 않을 때, 그들이 겪는 고통에 무관심할 때, 그들에게 던졌던 냉대와 멸시는 고스란히 우리에게 되돌아올 것이다.

PART 2
당신들의 대한민국

다니엘은 러시아에서 한국으로 온 뒤로 자신은 줄곧 한국 사람이라고 말해 왔다. 하지만 아이들은 막무가내였다. 너는 너네 아빠가 러시아 사람이니까 너도 러시아 사람이야. 너는 〈독도는 우리 땅〉 부르지 마. 다니엘의 편을 들어 주는 아이는 단 한 명도 없었다. 다니엘은 입을 다문 채 있어야 했다.

다문화가정의 청소년들에게 한국인으로 산다는 것은,
이해할 수 없는 일을 애써 받아들이며 마음을 다쳐도 스스로 알아서
견디고 치유해야 하는 것인지도 모른다.

Chapter **1**

초대받지 못한 손님들

우리가 영광이를 만난 때는 2006년이었다. 곱슬머리에 피부가 가무잡잡하고 눈이 커다란 아이. 스리랑카에서 온 엄마와 아빠 사이에서 태어났지만, 영광이가 나고 자란 땅은 한국이었다. 때문에 영광이는 또렷한 한국말로 우리에게 이렇게 말했다.

"하영광입니다. 나는 한국 사람입니다."

영광이의 일상은 여느 한국 아이들과 다를 게 없다. 아침에 무거운 눈꺼풀을 억지로 뜨고 엄마의 채근을 당하며 세수를 하고 양치질을 한 뒤에 학교로 향한다. 학교에 다녀와서는 친구들과 어울린다. 집에 있을 때면 TV에서 방영하는 애니메이션에서 눈을 떼지 못한다. 곧 엄마의 잔소리가 터져 나온다.

"맨날 TV만 보고, 맨날 컴퓨터 게임만 하고 있어! 공부는 안 해?"

여느 또래와 마찬가지로 영광이는 엄마의 말에 반응이 느리다. 엄마가 TV를 끈 뒤에야 천천히 몸을 일으킨다. 하지만 떼를 쓰거나 토라지지는 않는다. 자기 주변에 흩어져 있던 딱지와 카드를 주섬주섬 챙긴다. 착한 아이다.

영광이는 말을 배우기 시작하면서부터 줄곧 한국말만 썼다. 영광이의 엄마, 아빠는 모국의 말을 가르치려 했지만, 한사코 아이가 거부했다. '비노빈'이라는 스리랑카 이름으로 부르면 대답도 하지 않는다. 하영광이라는 이름의 성은 아버지 하산트 씨의 '하'에서 따왔다.

5만여 명의 외국인근로자들이 모여 사는 경기도 안산시는 우리나라에서 외국인이 가장 많이 밀집해 있다. 안산에서도 영광이가 사는 원곡동은 대표적인 외국인 밀집 지역이다. 외국인 거주자 밀도가 한국 최고다. 이곳에서 태어나 자신과 피부색이 비슷한 사람들과 섞여 살았지만, 영광이는 한국인을 자신의 정체성으로 받아들이고 있었다. 단 한 번도 자신이 한국인임을 의심해 본 적이 없었다.

하지만 영광이의 믿음과는 달리 영광이는 한국인이 아니다. 엄마, 아빠인 야무나 씨와 하산트 씨가 미등록 외국인근로자(불법체류자)이기 때문에 영광이는 한국에서 태어났지만 한국 국적을 취득하지 못했다. 아이는 태어날 때부터 불법체류자가 되었다.

영광이의
이루어질 수 없는 꿈

영광이의 아빠 하산트 씨는 1997년 산업연수생 자격으로 한국에 들어왔다. 다시 2년 뒤 엄마 야무나 씨가 같은 자격으로 입국했다. 하산트 씨와 야무나 씨는 스리랑카의 국가대표 육상선수였다. 특히 야무나 씨는 1990년 베이징 아시안게임 400미터 계주 부문에서 금메달을 수상한 유명 인사였다. 하지만 고국 스리랑카의 가난을 견딜 수 없어 코리안 드림을 안고 한국에 왔다. 야무나 씨는 손목 인대가 파열되는 부상을 당해 이제 더 이상 일을 할 수가 없다. 하산트 씨 혼자서 출입국관리소 직원들의 단속을 피해가며 간판 만드는 공장에서 일하고 있다.

합법적인 외국인근로자가 불법체류자가 되는 것은 경제적인 이유가 제일 크다. 합법적인 외국인근로자 신분을 유지하기 위해서는 일정 기간 동안 한국의 기업체에서 근무하고 나서 본국으로 돌아가 몇 개월을 지낸 뒤에 재입국하는 절차를 밟아야 한다. 하지만 외국인근로자 대부분이 임금이 낮기 때문에 본국에 다녀오는 비용을 감당하기가 수월하지 않을뿐더러 외국인근로자의 일자리에 대한 쿼터 제한(무분별한 외국인 유입을 막기 위해 정부는 국내 산업계의 인력 부족 상황에 맞추어 국내에서 일할 수 있는 외국인 인력의 수를 제한하고 있다)이 있기 때문에 한 번 출국하면 다시 한국에서 일할 수 있는 기회를 얻지 못할 수도 있다. 이런 이유로 외국인근로자들 중 일부는 언제 추방될지 모르는 불안과 정당한 대우를 받지 못하는 불이익 속에서도 불법체류자의 길을 택하는 것이다. 그리고 한국에 취업하기 위해 자국의 송출기관이나 브로커에게 거액의 뇌물을 지불하면서 빚을 진 외국인근로자들은 합법적인 테두리 안에서는 도저히 빚을 감당할 수 없기 때문에 더 많은 돈을 벌 수 있는 길을 찾아 스스로 불법체류자의 길을 걷기도 한다. 한국인 업주(를 비롯한 관리자)들의 가혹행위 때문에 불법체류자가 되는 사례도 많다.

한국 생활을 오래 한 외국인근로자들은 외출 금지, 인신 구금이 자신들이 으레 치러야 하는 통과의례라고 말한다. 휴식시간도 갖지 못한 채 연장근무를 해도 당연히 시간외수당 같은 것은 없다. 일을 하는 동안에는 화장실에도 자유롭게 갈 수 없다고 한다. 인간적인 굴욕감을 갖게 하는 비아냥거림과 욕설은 일상의 언어가 되었다. 업주들로부터 상습적인 구타를 당하는 경우도 허다하다. 게다가 강도 높은 노동을 시키면서 임금을 제때 주지 않거나 적금이라는 명목으로 임금의 일부를 떼어 내기도 한다. 고국을 떠나 남의 나라에서 돈을 벌겠다는 꿈을 품고 한국 땅을 밟은 외국인근로자들은 웬만한 일은 참아 넘기려고 한다. 하지만 그들은 사람이다. 때문에 모욕과 폭행과 착취를 견디지 못하고 근무지를 이탈하기도 한다. 그 순간, 불법체류자가 된다. 물론 밀입국으로 한국에 들어온 경우는 처음부터 불법체류자로 분류된다.

2000년 12월 26일에 영광이가 태어날 당시 이미 하산트 씨와 야무

95

영광이와 아버지 하산트 씨. 영광이는 태어난 뒤 줄곧 한국말만 써 왔다.

나 씨는 불법체류자 신분이었다. 하지만 영광이는 부모의 불안한 하루하루와는 상관없이 이 땅에서 건강한 아이로 자랐다. 게다가 영광이가 일곱 살이 된 2006년에 마침 안산시 원일초등학교에 외국인근로자 자녀 특별학급이 개설되면서 학교에도 진학할 수 있었다. 영광이의 꿈은 대한민국 국가대표 축구선수가 되는 것이다. 영광이는 이 꿈을 이룰 수 있을까?

영광이의 어머니 야무나 씨는 둘째 아이를 임신했다. 영광이는 동생을 위해 이름까지 지어 놓았다. 자신처럼 한국에서 태어날 동생 역시 한국 사람이라고 믿고 있지만, 현행 법률에 따르면 곧 태어날 영광이의 동생 역시 태어나자마자 불법체류자가 된다.

2006년 4월, 영광이는 비로소 냉엄한 현실과 마주했다. 엄마 야무나 씨가 방과 후에 영광이를 코시안의 집(이주근로자와 다문화가정의 자녀들을 위한 사립 보육기관이다. Kosian은 Korean과 Asian의 합성어다)에 데려다주고 집으로 돌아가다가 출입국관리사무소 직원들에게 붙잡힌 것이었다. 야무나 씨에게 강제 출국 명령이 떨어졌다. 영광이는 졸지에 엄마와 생이별을 할 위기에 처했다. 이 사실을 알게 된 안산시 이주민센터를 중심으로 다문화 관련 단체에서 강력하게 항의를 했다. 비인도적인 처사라는 여론이 일자, 다행히 출입국관리사무소는 손목 상처를 치료할 수 있는 3개월의 유예기간을 주고 야무나 씨를 5일 만에 풀어 주었다. 엄마가 잡혀 있는 동안 영광이는 학교에도 가지 못한 채 불안한 나날을 보내야 했다.

　비슷한 일이 시흥에서도 있었다. 외국인근로자 자녀를 위한 특별학급이 설치되어 있는 시흥의 시화초등학교에 다니던 몽골인 토올과 바야갈의 아버지 역시 불법체류자였다. 그런데 아버지가 인천에서 단속반에 걸려 곧바로 강제 출국되면서 두 아이만 한국에 남겨졌다.

　야무나 씨와 하산트 씨도 언제까지고 출입국관리사무소와 숨바꼭질을 하면서 살 수는 없다는 사실을 잘 알고 있다. 그래서 스리랑카로 돌아갈 생각을 하고 있다. 하지만 영광이가 걱정이다. 영광이는 한국말밖에 할 줄 모르고, 지금껏 자기 자신을 한국인이라고 생각하면서 살아 왔다. 영광이처럼 얼굴만 외국인일 뿐 한국에서 태어나 한국인이라는 문화적 정체성을 지닌 채 살아가는 외국인근로자의 자녀는 전국적으로 적게는 1만2천 명에서 많게는 2만 명에 이르는 것으로 추산된다. 하지만 이 아이들 중에서 학교에 다니는 아이는 2천 명이 채 안 된다. 나머지 아이들은 학교 측의 거부로 입학을 하지 못하거나 부모가 단속되는 데 빌미를 제공할지도 모른다는 불안감 속에서 바깥출입도 제대로 못하고 있는 실정이다.

　영광이가 한국에 머무를 수 있는 기간은 2008년 2월 28일까지였다. 법무부는 자녀를 한국의 초등학교에 보낸 외국인근로자의 경우에는, 불법체류자라 하더라도 자진 신고한 자녀와 부모에 한해서는 2008년 2월까지 출국을 유예하는 조치를 내렸다. 하지만 영광이의 엄

엄마 아무나 씨와 영광이. 이후 영광이는 부모의 나라 스리랑카로 갔다.

마 야무나 씨는 먼저 스리랑카로 돌아가야 했다. 법무부가 이러한 특별조치를 시행하기 전에 단속에 걸렸던 탓에 이 조치의 혜택을 누릴 수가 없었기 때문이다.

영광이처럼 한국에서 태어나 자라면서 스스로를 한국 사람이라고 생각하지만 한국 국적을 얻지 못한 아이들은 결국 부모의 나라로 돌아가야 한다. 한국에서 사는 동안 영광이는 줄곧 이방인의 그늘에서 벗어나지 못했다. 부모의 나라인 스리랑카로 돌아간 이 아이는 어쩌면 그곳에서도 여전히 이방인으로 살아가고 있을지도 모른다.

대한민국, 인종·외국인 차별의 가해국가

2011년 7월 22일(현지 시각), 북유럽의 신진국 노르웨이에서 테러 사건이 발생해 엄청난 사상자가 발생했다는 충격적인 뉴스가 전해졌다. 사건이 먼저 일어난 곳은 오슬로의 정부청사 밀집 지역이었다. 주차되어 있던 차량에 탑재된 시한폭탄이 폭발해서 8명이 사망하고 최소 15명이 부상을 당하는 사건이 발생한 것이었다. 하지만 이 폭탄 테러는 곧이어 벌어질 더 큰 재앙의 전조에 불과했다.

같은 시각, 오슬로에서 북서쪽으로 30킬로미터 떨어진 우토야 섬에서는 노르웨이의 집권당인 노동당이 주관한 청소년 캠프가 진행 중이었다. 이례적으로 다음날 총리의 연설까지 예정되어 있었던 탓에 참가 열기가 꽤 높은 편이어서 560여 명의 청소년이 우토야 섬에 집결해 있었다. 수도 오슬로에서 폭탄 테러가 발생했다는 소식이 전해져 분위기가 어수선한 가운데 경찰 제복을 입은 한 백인 남자가 청소년들에게 다가왔다. 그는 테러와 관련해 안전지침을 전달하겠다며 청소년들을 자신의 주위로 불러 모았다. 그런 직후 그는 자동소총을 난사하기 시작했다. 캠프장은 순식간에 지옥으로 변해 버렸다. 테러범은 총탄을 피해 물속으로 달아나는 청소년들을 향해 총질을 했으며, 죽은 체하며 웅크리고 있던 청소년들을 일일이 확인하면서 엽총으로 확인사살을 해 희생자의 수를 늘렸다.

놀랍게도 오슬로의 정부청사에서 벌어진 폭탄 테러와 우토야 섬에서 청소년들을 대상으로 한 테러는 동일범의 소행으로 밝혀졌다. 두 건의 연쇄 테러로 인해 목숨을 잃은 사람은 모두 76명이었다.

우토야 섬 현장에서 체포된 범인은 안드레스 베링 브레이빅이라는 서른두 살의 백인 남성이었다. 이후 경찰은 배후 세력과 공범이 있을 가능성을 두고 수사에 착수했지만, 결국 브레이빅의 단독범행으로 수사는 종결되었다.

브레이빅이 이 같은 학살을 자행한 이유는 다문화주의를 수용하고 있는 노르웨이 집권 정당 노동당의 이민 정책에 앙심을 품었기 때문이었다. 사상적으로 극우 민족주의에 치우쳐 있는 그에게 해외 이주

초대받지 못한 손님들

자들과 점점 수가 늘어나고 있는 무슬림들(대부분이 이주근로자다)은 노르웨이의 미래에 어두운 그림자를 드리우는 세력으로 비쳐졌다. 그리고 과거 독일의 나치가 추구했던 인종적 우월의식이 그의 테러를 부추겼다.

브레이빅은 범행을 저지르기 직전에 동영상 메시지와 성명서를 남겼는데 놀랍게도 그는 이 자료들에서 대한민국을 언급하고 있다. 그는 이 동영상과 성명서에서 이웃 일본과 함께 우리나라를 민족주의와 가부장제가 가장 바람직하게 운영되고 있는 '모범적인' 국가라고 추켜세운다. 도대체 희대의 살인마 브레이빅은 한국사회의 어떤 면을 보고서 그와 같은 메시지를 남긴 것일까?

2007년, UN의 인종차별철폐위원회(CERD)는 외국인 차별과 인종차별에 관한 문건을 작성해서 대한민국 정부에 보내왔다. UN 인종차별철폐위원회는 이 문건에 '대한민국 사회에 고용, 결혼, 주거, 교육 및 인간관계를 포함한 삶의 모든 영역에서 외국인근로자, 다민족 간 출생 자녀, 귀화 외국인 등에 대한 차별과 인종 우월성에 대한 생각이 만연해 있다는 데 우려를 표한다.'고 쓰면서, 청소년의 교과서와 교육 과정에 인권의식을 강화할 수 있는 프로그램을 포함시킬 것을 권고했다.

그동안 인종 문제에 관한 한 우리는 언제나 '약자'라는 피해의식에 사로잡혀 있었던 것이 사실이다. 서구사회로 진출한 우리의 동포들이

노르웨이 국민들이 2011년 7월 22일의 테러 희생자들을 위한 추모식을 거행하고 있다.

현지인들의 차별과 냉대 속에서도 꿋꿋하게 사업을 일구어 성공을 거두었다는 소식은 한민족의 강인한 근성을 보여 주는 감동적인 이야기인 동시에 우리 민족이 해외에서 겪고 있는 인종 차별 사례를 보여 주는 한 편의 서글픈 드라마였다. 유색인종에게 모멸감을 주면서, 그게 유머랍시고 백인들끼리 낄낄거리는 영화의 장면을 볼 때마다 울분을 삼킨 이가 적지 않을 것이다. 그리고 1992년에 미국 LA에서 폭동이 일어났을 때는, 애초에 문제가 된 흑백 갈등을 한인과 흑인의 갈등으로 몰고 가는 백인 중심의 미국 언론을 접하면서 치를 떨기도 했을 것이다. 이처럼 우리는 늘 피해자였다. 그런데 어느새 국제사회는 대한민국을 인종 차별의 '가해자'로 지목하고 있다. 하지만 지금 현재 우리나라에서 벌어지고 있는 현실을 들여다보면 국제사회의 이러한 평가가 결코 부당한 것이 아니라는 생각이 든다.

스리랑카인 K씨의
씁쓸한 여름휴가

우리나라에 공식적으로 외국인근로자가 들어오기 시작한 것은 1987년이었다. 당시 정부는 국내의 인력난을 해소할 목적으로 산업연수생제도를 마련하여 해외의 인력을 수용하기 시작했다. 이후 외국인근로자의 국내 유입 숫자는 해마다 증가해서 2011년 9월 현재 우리나라에 머무르고 있는 외국인근로자의 공식적인 수는 70만 명에 달하고 있다. 2007년부터 정부가 외국인근로자에 대해 고용허가제와 쿼터제를 실시하면서 공식적인 외국인근로자의 숫자는 점점 줄어들고 있는 추세이지만, 불법체류자 신분으로 한국에 머무르고 있는 외국인근로자의 숫자가 정확하게 파악되지 않고 있기 때문에 이들을 포함하면 외국인근로자의 숫자는 공식적인 수치를 훨씬 상회할 것으로 보인다(법무부는 약 80만 명으로 추산하고 있다).

문제는 불법체류자들과, 이들을 고용한 악덕업주들 사이에서 비인권적인 사건이 자주 발생하고 있다는 것이다. 불법체류자들이 한국인 고용주와 관리자로부터 모욕적인 언행을 당하거나 손찌검을 당하는 일이 비일비재하며, 이들은 비합법적인 신분 때문에 임금이 체불되거나 아예 임금을 받지 못해도 호소할 곳이 없다. 또한 이들은 일을 하다가 재해를 당해도 제대로 된 의료 서비스를 받지 못하기 때문에 병을 키우거나, 결국 불구의 몸이 된 채 강제 출국을 당하기도 한다.

그리고 불법체류자들의 자녀(미등록 이주아동)들은 교육과 의료의 혜택을 제대로 누리지 못하고 있다. UN 아동권리협약에 따르면 부모의 체류자격 여부와는 상관없이 그 자녀들은 법 위반의 주체로 보지 않는다. 그래서 학교에 다니는 미등록 이주아동을 역추적해서 부모를 단속하는 행위도 금지되어 있다. 이러한 협약에 비준한 국가는 미등록 이주아동에 대한 교육권과 보육권을 보장할 의무를 지닌다. 우리나라는 1990년에 이 협약에 가입했다.

하지만 현실은 이와 다르다. 이주아동들이 한국어에 유창한 경우에도 한국인 학부모들이 꺼린다는 이유로 학교가 이 아이들의 입학을 거부하는 경우가 허다하다. 다문화와 외국인근로자에 대한 이해도가 높은 지역인 경기도 안산과 시흥 등지의 몇몇 초등학교에는 외국인근로자 자녀 특별학급이 설치되어 있지만 지역이 제한적일뿐더러 특별학급에서 수용할 수 있는 학생의 수가 많지 않다 보니, 취학 연령의 미등록 이주아동 중 교육 혜택을 누리는 비율은 현저히 낮다. 그리고 불법체류자의 자녀들은 의료보험 혜택을 누릴 수 없기 때문에 미등록 이주아동들은 사실상 의료 사각지대에 놓여 있다.

합법적인 근로자격을 가지고 있는 외국인근로자들도 상당수가 한국에서 차별을 경험하고 있다. 지난 2010년 여름, 부산의 한 방송국에서 보도한 내용은 현재 외국인근로자들이 한국의 일부 사업장에서 어떤 대접을 받고 있는지를 단적으로 보여 주는 슬픈 드라마였다.

스리랑카에서 온 스물여섯 살의 K씨는 안산의 한 공장에서 일했다. 여름철 휴가 시즌이 시작되자 이 공장의 업주는 다짜고짜 "휴가를 떠나라"며 K씨와 외국인근로자 동료들을 공장 밖으로 내몰았다. 숙소는 일시적으로 폐쇄되었고, 구내식당도 문을 닫았다. 공장 사장이 휴가비로 건네준 돈은 1인당 5만 원씩이었다.

K씨와 6명의 외국인근로자들은 참 순진한 사람들이었던 모양이

107

우리나라에 온 외국인근로자들은
비록 가난하지만 희망을 품고 살아가는
용기 있는 사람들이다.

다. 숙소와 공장에서 내몰려 오갈 데가 없어졌지만, 그들은 이참에 한번 호사를 누려 보자고 의견을 모았다. 부산의 해운대에 가기로 한 것이다.

가장 저렴한 일반 고속버스의 왕복 운임이 4만5천 원이었다. 공장의 사장으로부터 받은 휴가비 중에서 5천 원밖에 남지 않았다. 용돈으로 꼬불쳐 두었던 돈들을 각출해서 모았다. 하지만 그들이 가진 돈으로는 여름 성수기의 해운대에서 숙소를 구할 수가 없었다. 하는 수 없이 공원에서 노숙을 했다. 주변을 둘러보니, 자신들과 비슷한 처지의 외국인근로자들이 꽤 많았다.

날이 밝았다. 햇볕이 뜨거웠다. 그들은 자기네와 같은 처지에 있는 외국인근로자들 몇 명과 의기투합해서 파라솔을 하나 빌렸다. 파라솔 하나에 장정 10명이 들어앉았다. 한국 사람들이 슬슬 피하는 눈치였다. 외딴 섬처럼, 그들이 있는 파라솔 주위에만 제법 넓은 공간이 생겼다. 그날 밤, 다시 공원에서 노숙을 했다.

다음날부터는 식당에서 받아 주지 않았다. 휴가 3일째에 다들 부랑자 꼴이 되어 있었기 때문이다. 편의점의 음식으로 끼니를 해결했다. 그것도 양껏 먹으려 하면 비싸서 조금씩 아껴 먹어야 했다. 공장으로 돌아가고 싶었지만, 숙소가 폐쇄되어 돌아갈 곳이 없었다. 차라리 빨리 휴가가 끝나기만을 바랐다. K씨는 자신과 동료들이 노숙자가 되어 있다는 사실을 깨달았다. 휴가 기간이 끝나고 그들은 안산으로 향하는 버스에 올랐다. 그들의 씁쓸한 휴가는 그렇게 끝이 났다. 부산시에 의하면 2010년 여름 해운대 백사장 부근의 공원에서 노숙을 한 외국인근로자의 숫자가 1000명에 달했다고 한다.

차등과 차별은 다르다

2008년부터 2010년 3월까지 법무부와 경찰의 단속에 의해 강제 출국 조치를 당한 불법체류자는 약 3만3천 명이다. 경찰은 이 숫자가 같은 기간 동안 한국에 있던 전체 불법체류자의 20%에도 미치지 못한다고 보고 있다. 이와 같은 경찰의 집계에 따르면, 아직도 최소 14만여 명의 불법체류자가 대한민국에 잔류하고 있다고 추산할 수 있다. 게다가 고용허가제를 통해 입국한 외국인근로자 중의 상당수가 합법적으로 일할 수 있는 체류기간을 채우고 난 뒤에 불법체류자로 잔류할 가능성이 커, 불법체류자 문제는 앞으로 더욱 가중될 것으로 예상된다.

불법체류자는 분명 법 집행의 대상이며, 이들에게는 강제 출국 조치를 내려야 한다. 하지만 우리나라의 중소기업과 영세기업들은 여전히 노동력 수급에 어려움을 겪고 있다. 이러한 기업들은 외국인근로자 쿼터제를 폐기하거나 쿼터 수를 늘려서 더 많은 해외 인력을 수용해야 한다고 주장한다. 이처럼 인력이 부족한 상황에서 불법체류자가 그 부족한 인력의 빈자리를 메우게 된다. 게다가 노동의 현장에는 너무 힘들고 위험해서 불법체류자가 아니면 어느 누구도 하려고 나서지 않는 일들이 있다. 결국 불법체류자에 대한 노동수요가 사라지지 않는 한 불법체류자 문제 역시 지속될 수밖에 없는 것이다. 따라서 불법체류자를 단속하고 근절하기 위한 노력을 하는 동시에, 대한민국 기업들이 겪는 노동력 부족 상황 속에서 산업체에 채용된 불법체류자들이 인간으로서의 기본적인 삶을 영위하고 있는지 살피는 노력이 병행되어야 한다.

그런데 지금 대한민국의 음지에서 살아가고 있는 일부 불법체류자들의 현실은 우리를 부끄럽게 만든다. 악덕 고용주들은 당장의 필요에 의해 불법체류자들을 고용하면서 이들이 사업장에서 이탈하는 것을 방지하기 위해 감금을 하거나 일부러 임금을 체불하여 임금을 볼모로 고되고 위험한 노동을 강요한다. 그러다 불법체류자가 작업 도중 신체가 절단되는 큰 사고를 당하더라도 시간을 많이 들여서 의료 혜택을 받도록 해 주는 대신 위로금으로 월급을 10만 원 정도 더 올려주겠다는 식으로 무마하고는 한다. 물론 이러한 약속마저 십중팔구 지켜지지 않는다.

합법적인 외국인근로자라고 해서 인권 유린의 덫에서 자유로운 것은 아니다. 2010년 한국을 대표하는 모 조선업체는 인력난을 해소하기 위해 해외연수생제도를 활용해 외국인근로자를 대거 수용하면서

우리나라가 경제 강국으로 발돋움하는 동안,
어쩌면 우리는 사람을 귀하게 여기는 마음을
잃어 버렸는지도 모른다.

111

이들에게 국내 최저임금의 절반에도 못 미치는 50~60만 원의 임금을 지급했다. 이 해외연수생들은 저임금에도 불구하고 내국인들이 하지 않으려는 강도 높은 작업을 담당했다. 그런데 한 달에 60만 원이 채 되지 않는 월급조차 그들의 것이 아니었다. 작업 강도가 워낙 세다 보니, 이탈자가 발생할 것을 우려한 회사 측은 이들의 여권을 빼앗고 외출을 통제했으며 월급의 일정액을 강제적으로 적금에 들도록 해서 볼모로 삼았다.

드문 일이지만, 불법체류자에 대한 공공기관의 가혹행위 사례도 있다. 2008년 11월, 중국인 불법체류자 C씨는 오토바이를 타고 출근하다가 교통사고를 당했다. 사고 조사 과정에서 C씨가 불법체류자라는 사실이 밝혀지자, "수술이 필요하다"는 병원 측의 만류에도 불구하고 C씨는 출입국관리사무소로 이송되었다. 가장 불행한 사건은 2007년 여수에서 일어났다. 당시 불법체류자들을 수용하고 있던 출입국관리사무소에 화재가 발생해 10명의 불법체류자가 사망했다. 사건 이후 화재에서 살아남은 불법체류자들에게 가해진 출입국관리사무소의 비인도적인 처사와 외국인보호소에서 행해지고 있는 인권 유린 실태가 다시 한 번 도마 위에 오르기도 했다.

물론 '사회적 약자'를 보호한다는 입장에서 무조건 불법체류자의 편을 들어서는 안 된다. 대한민국이 정한 법의 테두리에서 벗어난 이들은 단속대상이 분명하며, 법을 집행하는 이들의 입장에서 불법체류자들은 범법자다. 그리고 불법체류자들이 노동시장의 질서를 어지럽히고 내국인의 일자리를 잠식하고 있다는 주장 역시 일부분 타당하다. 또한 불법체류자의 범죄가 조직화되고 있다는 점도 큰 숙제다(한국형사정책연구원의 보고에 따르면, 국내에 체류 중인 외국인이 저지른 범죄의 비율은 10만 명을 기준으로 할 때 개발도상국 출신보다 선진국 출신이 더 많은 것으로 나타났다. 그런데 한국인은 중국과 동남아 출신 불법체류자를 예비 범죄인으로 생각하는 경향이 강하다). 내국인에 비해 외국인을 차등하는 것 역시 당연한 처사다. 국가는 자국민의 권익을 우선해야 한다. 따라서 외국인이 한국에서 내국인과 똑같은 사회보장과 복지를 누릴 수는 없는 것이다. 그리고 외국인을 보호한다면서 오히려 내국인의 권리를 침해하는 일이 일어나서도 안 된다.

하지만 법과 제도, 내국인 우선의 원칙 등이 인간의 존엄성을 파괴하는 행위에 당위성을 부여할 수는 없다. 우리 사회가 구서구서에서 비윤리적이고 비인권적인 일들이 행해지고 있다는 사실은 그만큼 우리 사회가 건강하지 못하다는 반증이다. 약자에 대한 가혹행위를 용인하는 순간, 그 칼날은 결국 우리 자신에게로 향하게 된다.

몇몇 학자들은 외국인근로자(미등록 외국인근로자뿐만 아니라 합법적으로 국내에 체류할 자격을 가진 외국인근로자를 포함한다)에게 차별과 멸시, 착취를 가하는 한국인의 의식 밑바탕에 '자민족 중심주의'가 자리 잡고 있다고 진단한다. 자민족 중심주의란 자기 민족의 생존 권리와 이익을 위해 타

민족에게 배타적인 태도를 취하는 동시에 민족적 우월감에 도취되어 타 민족과 인종을 무시하고 억압하려는 심리 또는 성향을 말한다. 재일 교포들과 선진국에 진출한 우리 동포들이 현지의 민족과 국민으로부터 사회적 불평등과 인종 차별을 당하는 것 역시 자민족 중심주의가 작용하기 때문이다.

그런데 자민족 중심주의가 한국에서는 조금 다른 양상을 띤다. 이 '한국형 자민족 중심주의'에는 강대국에 대한 열등감과 약소국에 대한 우월의식, 적자생존과 약육강식의 극단적인 자본주의 원리, 부(富)로 사람을 판단하는 경제적 계급의식 등이 복합적으로 섞여 있다. 엄밀하게 말해서 한국형 자민족 중심주의가 배격하는 대상은 외국인근로자나 불법체류자가 아니라 '못사는 나라에서 온 사람들'이다.

소띠하와 벤저민의
전혀 다른 경험

2011년 11월 21일 동아일보에 실린 한 기사에는 외국인을 대하는 한국인의 이중적인 모습이 적나라하게 드러나 있다. 특히 그러한 외국인 차별이 최고의 지성이라는 대학에서 벌어지고 있다는 사실은 대단히 충격적이었다.

이 기사를 읽어 보면, 서구권이나 영어권 국가에서 온 유학생들은 하나같이 한국 사람들이 친절하다고 말한다. 그들은 항상 한국인 학생들의 도움을 받기 때문에 과제나 논문을 준비하는 데에도 별 어려움을 느끼지 않는다고 밝히고 있다. 반면에 중국이나 동남아시아의 가난한 나라에서 온 유학생들과 흑인 유학생들은 자신들에게 다가오는 한국인 학생이 없기 때문에 팀별 과제를 수행해야 할 때는 팀을 구성할 수가 없어 어려움을 겪는다고 호소한다. 이러한 차별은 학내에서만 벌어지는 것이 아니다. 대학가 주변의 식당에서도 서구권·영어권 국가의 학생들은 부담스러울 정도의 친절과 서비스를 받지만, 중국·동남아시아·흑인 학생들은 차별과 멸시를 당해야 한다. 참으로 부끄러운 현실이다.

2006년, SBS스페셜 제작팀이 〈당신들의 대한민국〉 첫 편을 만들던 당시에도 우리 제작진은 한국인의 외국인 차별을 생생하게 목격한 적이 있다. 아니, 그것은 외국인 차별을 넘어 '인종적 사대주의'에 가까웠다. 우리는 당시의 상황들을 접하면서 백인들 스스로가 백인우월주의라는 환상을 만들어 낸 것이 아니라 우리 한국인이 그들을 그렇게 만든 것이 아닐까, 하는 착각이 들 정도였다.

2006년 초가을, 서울 대학로의 상설공연장에서 외국인근로자들로 구성된 스탑크랙다운(Stop crackdown, '단속을 멈춰라'라는 뜻)이라는 밴드의 공연이 있었다. 보컬은 육체노동자를 상징하는 면장갑을 낀 채 노래를 불렀다. 그날 이들의 공연 주제는 '외국인근로자 차별 반대'였다.

공연이 끝난 뒤 밴드의 멤버들을 만났다. 베이스를 치는 소띠하(미얀마) 씨는 한국에서 자기네와 같은 동남아시아계 외국인근로자들이 홀대와 푸대접을 당할 때보다는 백인들이 환대를 받는 것을 보면서 오히려 더 큰 차별을 느낀다고 말했다.

"한국 사람들은 자기 나라보다 레벨이 높은 나라에서 온 사람한테 친절한 거가 많아요, 제가 보기에는. 나라가 가난하고 자기보다 못살면 애기하는 것도 그렇고, 너무 차이가 나요."

한국에서 일하는 동안 그들은 한국에 대해서 어떤 이미지를 갖게 되었을까? 이 질문에는 기타를 치는 소모뚜(미얀마) 씨가 대답했다.

"우리가 미국에서 태어났다면 너희도 한국 와서 살아라 하겠지. 그런데 저는 친구들이 온다고 해도, 여기 너무 고생한다, 그냥 힘들더라도 거기서 살아라, 그래요."

소띠하 씨와 소모뚜 씨 두 사람 모두 한국말이 매우 능숙했다.

반면에 서울대학교의 반도체연구소에서 계약직 연구원으로 근무하고 있는 벤저민 샤퍼 씨는 한국과 한국인에 대해서 소띠하 씨와 소모뚜 씨와는 전혀 다른 생각을 갖고 있었다. 스페인 출신의 백인인 샤퍼 씨는 1년 6개월가량 한국에 머무는 동안 단 한 번도 푸대접을 당한 적이 없다고 말했다.

"지금까지는 한 번도 없었어요. 한 번도 나쁜 경험을 한 적이 없어요. 오히려 그 반대입니다. 아주 좋은 경험만을 했어요. 한국 사람들

스탑크랙다운의 멤버 소띠하 씨와 소모뚜 씨. 가까이에 있는 사람이 소모뚜 씨고, 멀리 베이스를 메고 있는 사람이 소띠하 씨다.

모두가 제게 너무 잘해 주고 친절합니다."(벤저민 씨의 말은 영어로 한 것을 한국말로 옮긴 것이다)

과연 백인에게는 보여 주지만 동남아 사람들에게는 보여 주지 않는 한국인의 친절함이란 어떤 것일까? 우리는 서울 시내의 한 장소를 찾아가는 벤저민 샤퍼 씨와 동행하며 그를 관찰하기로 했다. 한국 사람들 앞에서 그는 한국이 낯선 척 연기를 했다.

지하철역에서 벤저민 샤퍼 씨가 매표소 앞에 있는 사람들 무리에 다가가 어눌한 한국말로 "광화문역 어디예요?" 하고 물었다. 그러자 곁에 서 있던 한 여성이 지하철 노선도를 가리키며 친절하게 설명을 해 주었다. 계속된 실험에서 같은 결과가 나왔다. 어떤 이는 샤퍼 씨를 벽에 붙어 있는 노선도로 이끌어 설명을 해 주기도 했고, 혹시라도 이 백인 남성이 잘못된 방향으로 갈까 봐 여러 사람이 달라붙어 설명을 해 주는 모습이 나타나기도 했다. 미얀마에서 온 소띠하 씨와 소모뚜 씨로서는 한 번도 경험하지 못한 한국인의 '친절과 배려'였다.

비슷한 상황에 대해 스탑크랙다운의 베이시스트 소띠하 씨는 어떤 경험을 했을까?

"설명을 잘해 주는 한국 사람 별로 없어요. 보고 딱 외국 사람 티가 나면 머리부터 절레절레 흔들면서 모른다고 해요."

이들은 한국에서 겪은 나쁜 경험들 때문에 스스로 한국인에게 다가가는 것을 거부하게 되었다고 했다. 기타를 치는 소모뚜 씨는 괜히 말

백인인 벤저민 샤퍼 씨에게 친절하게
길을 설명해 주고 있는 한국인들의 모습.

119

을 걸었다가 한국 사람에게서 반말을 들을까 봐, 그래서 하루 종일 기분이 언짢을까 봐 잘 모르는 길을 가더라도 웬만해서는 한국 사람에게 길을 물어보지 않는다고 했다.

다시 벤저민 샤퍼 씨와 동행해 보자. 지하철에 오른 그는 빈자리에 가서 앉았다. 얼마 지나지 않아 샤퍼 씨 바로 옆의 빈자리에 엄마의 손에 이끌린 꼬마아이가 앉았다. 샤퍼 씨는 꼬마아이가 보고 있는 책을 같이 들여다보며 자연스럽게 말을 걸었다. 꼬마아이는 물론 아이와 동행하고 있는 아이의 엄마도 전혀 거부감을 보이지 않았다.

비슷한 상황에서 어떤 경험을 했는지, 소띠하 씨에게 물어보았다.

"옆에 빈자리가 있는데도 안 앉아요. 버스 타면 한 1시간 정도 가는 거리인데도 앉지 않고 그냥 서서 가요. 자기만 힘들지, 저도 그렇게 생각했어요."

반면에 제작진이 지켜보는 가운데 여러 가지 미션을 별 어려움 없이 수행해 낸 벤저민 샤퍼 씨는 자신감이 붙었는지, 우리에게 한국 사람으로부터 핸드폰을 빌려 보겠다고 제안했다. 곧장 한 젊은 여성에게 다가간 그는 한국말과 영어를 섞어 상황을 설명한 뒤 어렵지 않게 핸드폰을 빌렸다. 두 번째 시도에서는 청소년을 대상으로 했는데, 이번에도 역시 손쉽게 핸드폰을 빌릴 수 있었다. 세 번째, 네 번째에도 마찬가지였다. 벤저민 샤퍼 씨는 우리나라 사람들을 대하는 데 자신감이 넘쳤고, 한국 사람들은 하나같이 그에게 친절했다.

초대받지 못한 손님들

의기양양 우리 제작진에게 돌아온 샤퍼 씨가 말했다.

"다 성공했는데, 상 없나요? 제가 말한 것처럼 한국 사람들은 언제나 잘 도와줘요. 한 번도 나쁜 경험을 한 적이 없다니까요."

우리는 스탑크랙다운의 기타리스트 소모뚜 씨에게 낯모르는 한국인에게서 핸드폰을 빌릴 수 있겠느냐고 물었다.

"자신이 없어서……. 아마 99퍼센트 안 빌려 줄 거예요. 그래서 아예 안 빌리는 건데…… 1퍼센트를 믿고 할 수는 없잖아요. 빌리고 싶어요. 저희 보며 반가워하면서 뭐 도와 드릴까요, 이런 표정 원해요."

한국에서 늘 환대만 받았다는 샤퍼 씨에게 우리는 소띠하 씨나 소모뚜 씨처럼 한국보다 못사는 나라에서 온 외국인근로자들이 차별과 멸시를 받고 있는 것을 아느냐고 물었다. 벤저민 샤퍼 씨는 자신이 누리는 한국인의 환대와 친절이 모든 외국인에게 적용되는 것이 아니라는 점을 분명히 인식하고 있었다.

"내 피부색이 동남아시아인들 같았으면 저는 아마도 다른 대접을 받았을 겁니다."

샤퍼 씨는 자신이 백인이기 때문에 한국에서 여자친구 만나는 것도 대단히 유리하다고 했다. 한국에서 흥미롭고 좋은 기억만을 쌓고 있다는 그는 "한국은 백인이 살기에 좋은 곳"이라고 단언했다. 우리는 그에게 스페인의 친구들에게도 한국을 소개할 것이냐고 물었다.

"당연하죠. 사람들은 모두 친절하고 열려 있으며 다른 문화에 대해서 알고 싶어 해요. 뭘 물어보면 항상 친절하게 대답해 줍니다. 한국, 특히 서울은 아주 살기 좋아요. 다른 친구들에게 당연히 추천할 겁니다."

문화적·경제적 인종주의

스페인에서 온 백인인 샤퍼 씨와 동남아시아에서 온 소띠하, 소모뚜 씨가 한국에서 상반된 대우를 받으며 살아가는 모습을 지켜보는 것은 솔직히 매우 불편한 경험이었다. 그런데 백인인 샤퍼 씨에게 유독 친절하게 대하는 한국인을 보면서, 조선 후기의 유학자들이 가졌던 생각의 인자가 오늘날까지도 우리에게 계승되고 있는 것은 아닌가 하는 의구심이 들었던 건 왜였을까?

'조선 후기의 유학자들이 가졌던 생각'이란 바로 소중화(小中華)사상을 두고 하는 말이다. 소중화사상은 우리 민족을 중국의 한족(漢族)과 동일시하고, 조선이 한족이 세운 나라의 제후국임을 자청했던 유학자들의 사상을 일컫는다. '유교(儒敎)'라는 말이 있고 공자를 모신 사당이 있는 것에서도 알 수 있듯이, 조선 후기의 유학자들에게 유학(儒學)은 단순한 학문이 아니라 일종의 종교였다. 이 유학을 전해 준 민족이 한족이었기에 조선의 유학자들은 한족을 우러러보고 기꺼이 한족이 세운 나라의 신하가 되기를 원했던 것이다.

　소중화사상이 사대주의와 완벽하게 일치하거나 무조건적인 대국(大國) 숭상을 의미하는 것은 아니었다. 중국에서 한족이 세운 명(明)이 망하고 만주족이 세운 청(淸)이 들어섰을 때, 이들 소중화사상의 기치를 내건 유학자들은 청과의 교류에 반발하며 대청 외교정책에 부정적인 영향을 끼쳤다. 조선의 유학자들로서는 나름 명 왕조와의 의리를 지켰던 셈인데, 결과적으로는 대륙의 강자로 군림한 청의 심기를 건드림으로써 병자호란의 빌미를 제공하기도 했다.

　여기서 과거사의 오류를 지적하려고 하는 것은 아니다. 문제는 조선 후기 유학자들이 소중화사상을 채택함으로써 조선 주변의 군소 국가를 이루고 있던 민족들은 모조리 오랑캐가 되고 말았다는 점에 있다. 왜냐하면 한족은 자기네가 세운 국가를 세계의 중심에 놓고 오로지 자신들만이 문명인임을 지처해 왔기에, 이러한 한족이 중화사상을 물려받은 조선 유학자들에게는 한족과, 한족을 계승했다고 믿는 조선을 제외한 다른 국가의 민족은 죄다 오랑캐가 될 수밖에 없었던 것이다. 그들에게는 한족(명)을 누르고 중국 대륙을 지배한 만주족(청) 역시 오랑캐에 불과했다.

　미얀마에서 한국으로 온 외국인근로자들과 스페인 출신의 백인 남성 벤저민 샤퍼 씨가 한국에서 극단적으로 상반되는 삶을 살아가고 있는 것을 보며 이 소중화사상을 떠올렸던 것은 그 때문이었다. '현 한국인의 외국인 차별에는 경제적 능력으로 사람을 평가하는 그릇된 계급의식이 깔려 있다.

대판 한족'인 백인에게는 과도한 친절과 배려를 베풀면서 우리나라보다 못사는 나라에서 온 외국인근로자들에게는 몰인정한 태도를 취하는 한국인에게서 한족 이외의 주변 민족들을 배척하고 업신여겼던 조선 후기 사대주의 유학자들의 모습을 발견한 것은 참으로 씁쓸한 일이었다.

그것이 한국형 자민족 중심주의든, 아니면 문화적·경제적 인종주의든 잘사는 나라의 백인에게는 친절과 환대를 베풀면서 우리보다 못사는 나라의 아시아인은 외면하는 그릇된 의식은 한국 국적을 얻은 귀화 외국인에게도 그대로 적용된다. 일제강점기 이후 70여 년 가까이 단일민족 이념에 지배되어 온 탓에 한국인들은 이민족이 한국 국적을 취득한다 해도 같은 국민으로 인정하지 않으려는 성향이 강하다. 그런데 여기에 더해서 우리보다 경제적으로 '못사는 나라'에서 온 귀화 외국인들은 사회적인 차별과 냉대 속에서 깊은 마음의 상처를 입으며 살아가고 있다.

Chapter **2**

나는 한국인입니다

전라남도 보성의 한 마을에서 한창 방송 녹화가 진행 중이다. 어디선가 구수한 경상도 사투리가 들려온다. 낯익은 목소리. 로버트 할리 씨다.

"냄새 파악 나는데, 요리하고 있네예."

그가 우스꽝스러운 몸짓을 하면서 동네 아낙네들이 요리를 만들고 있는 평상 위로 뛰어든다. 마을 주민들이 재미있다는 표정을 지으며 그를 지켜보고 있다.

로버트 할리 씨는 한국 국적을 가진 한국인이다. 1997년 귀화해 한국인으로 살아간 지도 벌써 15년이 되었다. 한국 이름은 하일. 부산 영도 하 씨의 시조가 되었다.

그가 한국과 인연을 처음 맺은 것은 고등학교 2학년 때였다. 선교 활동을 하기 위해 한국에 온 그는 당시 대구에 머물렀다. 그때 하숙생활을 하면서, 하숙집 주인으로부터 한국말을 배웠다. 당연히 경상도 사투리였다. 한국에 오기 전까지는 한국에 대해서 아는 것이 별로 없었고, 관심을 갖지도 않았다. 어렸을 적에 간간이 접했던 영화 속에서 한국은 사람들이 벌레를 먹고 시냇물에서 빨래를 하는 등 대단히 못사는 나라로 그려지고 있었다.

그런데 한국에 발을 들여놓은 이후로 그는 한국 사람들에게 홀딱 반하고 말았다. 한국 사람들과 있으면 그렇게 마음이 편할 수 없었다. 참으로 정이 많은 사람들이었다. 대학교 2학년 때 다시 한국으로 돌아왔다. 당시 연세대학교에서 공부하면서, 국제변호사 자격증을 취득해 평생 한국에서 살고 싶다는 생각을 했다. 그는 그 꿈을 이루었다.

미국 국적을 가진 사람이 한국인으로 귀화하는 경우는 극히 드물다. 로버트 할리 씨가 여덟 번째 사례였다. 그는 지금 국제변호사와 방송인, 외국인 학교 이사장 등으로 활발하게 활동하고 있다.

낯익은 이방인들

그가 미국 국적을 포기하면서까지 한국인으로 살고 싶었던 가장 큰 이유는 한국 사람들만이 가지고 있는

'정(情)' 때문이었다. 여러 나라를 돌아다녀 봤지만 한국 사람처럼 정이 많은 사람은 찾아보기 힘들었다. 6남 3녀 중 장남으로 태어난 로버트 할리 씨는 미국사회에서는 보기 드문 대가족에서 자랐다. 그래서 자신이 한국인의 정에 더 이끌렸는지도 모른다고 말한다. 그리고 한국에서 오랫동안 살아왔기 때문에 한국사회에 적응을 해서인지 국적을 한국으로 바꾼다는 것은 그에게 매우 자연스러운 일이었다.

하지만 그의 귀화는 순탄하지 않았다. 미국 국적을 포기하기 위해 미 대사관에서 인터뷰를 했을 때였다. 영사가 국적 포기를 받아들일 수 없다며, 만약 미국 국적을 포기하면 다시는 미국으로 돌아갈 수 없도록 비자를 발급하지 않겠다고 으름장을 놓았다. 부모님의 반대도 심했고, 미국 친구들도 이해할 수 없다는 반응을 보였다. 어떤 친구는 로버트 할리 씨가 미국인의 자존심을 훼손했다며 절교를 선언하기까지 했다. 하지만 1997년, 결국 그는 '한국인 하일'을 택했다. 1987년에 한국인 아내를 만나 한국에서 살아온 지 10년 만의 일이었다.

그런데 한국인으로 귀화한 뒤 그는 외국인이 한국사회에서 한국인으로 살아간다는 것이 얼마나 힘든 일인지 실감했다고 한다. 정신마저 한국인이라고 자부하는 그이지만, 아직도 단일민족이라는 굳건한 벽에 부딪힐 때면 자신이 누군지 혼란스럽다고 한다.

"여권을 보면 한국 사람인데, 얼굴 보면 한국 사람 같지 않고…….. 그래도 뭐 마음속에서 한국을 사랑하기 때문에 제가 한국인이라고 생각합니다. 다른 사람들이 그것을 받아들일는지 모르겠는데, 받아들였으면 좋겠고……. 아마 받아들이기 힘들 겁니다. 왜냐하면 한민족이기 때문에…….”

25년 동안 한국에서 살았고, 한국인이 된 지도 15년이 되었으며, 방송을 통해 낯익고 친숙한 얼굴이 되었지만 그는 여전히 한국에서 이방인으로 살아가고 있다고 말했다. 우리에게 매우 친숙한 귀화 방송인 이다도시 씨(프랑스), 라리사 씨(러시아), 영화배우 칸 씨(방글라데시) 등도 한국인으로 살아간다는 것이 참으로 힘든 일이라는 사실을 토로한다.

2006년에 대한민국 성인들을 대상으로 진행한 설문조사 결과, 외국인이 귀화를 해서 한국 국적을 얻더라도 한국인으로 인정할 수 없다고 대답한 비율이 무려 73.6%였다. 민족이 다르고 피부색이 다르다는 것이 가장 큰 이유였다. 실제로 한국 국적을 얻고 한국에서 살아가는 귀화 외국인들은 자신이 결코 한국사회에 완벽하게 동화될 수 없을 것이라는 사실을 잘 인식하고 있다.

로버트 할리 씨가 들으면 섭섭한 소리인지는 모르겠지만, 그래도 그는 개발도상국가에서 온 귀화 외국인들보다는 훨씬 안정적이고 원만한 한국 생활을 하고 있다. 좋은 가문(미국 출신의 백인)에서 태어나고 좋은 직업(국제변호사)을 가진 사람이 한국사회에서 대접받고 사는 것과 같은 이치다.

주디스 씨가 채울 수 없는
마지막 조건

필리핀에서 온 헤르난데즈 주디스 알레그레 씨는 스물두 살 꽃다운 나이였던 1992년에 필리핀에서 만난 한국 남자와 결혼했고, 정식으로 한국 국적을 취득했다. 한국에서 십수 년을 살아오는 동안 그녀는 생각하는 것도 입맛도 생활방식까지도 모두 한국인이 되었다. 지금은 오히려 필리핀에 있는 것이 어색할 정도다. 자신의 가족이 있는 필리핀에 있을 때면 모국에 돌아온 포근함보다는 외국에 있는 것 같은 낯선 느낌이 든다고 한다. 그런데 자신을 철석같이 한국인이라고 생각하는 그녀를 한국 사람들은 어떻게 받아들일까?

주디스 씨는 학원과 어린이집 등에서 영어를 가르치며 생활하고 있다. 보통 하루에 서너 군데의 학원을 돌아다녀야 하기 때문에 끼니를 거르는 때가 많다. 경기도 성남시 은행동의 한 아파트에 있는 어린이집으로 그녀와 동행했다.

"스프링, 썸머, 폴……."

다섯 명의 아이들이 나란히 앉아 주디스 씨의 영어 수업을 듣고 있다. 붙임성이 좋고 아이들을 좋아하는 주디스 씨를 아이들도 잘 따른다. 우리는 아이들에게 주디스 씨를 어떻게 느끼고 있는지 물어보았다.

"선생님이 한국 사람이에요?"

어린이집에서 주디스 씨가 아이들에게 영어를 가르치고 있다. 아이들은 영어선생님이 자신들과 다르다는 사실을 인지하고 있었다.

무척 어려운 질문을 받은 양 아이들은 섣불리 대답을 하지 못했다. 그러다가 한 아이가 쭈뼛쭈뼛 대답했다.

"우리하고 달라요."

그렇게 말해 놓고는 "아, 모르겠다."라고 혼잣말을 하면서 뒤로 넘어져 버린다. 아이들은 필리핀이라는 나라를 들어 본 적도 없지만, 그 나라에서 온 영어선생님의 생김새가 자기네와 다르다는 사실을 느끼고 있었다.

어린이집의 수업을 마친 주디스 씨는 두 번째 수업을 위해 바삐 움직인다. 원래부터 그랬던 것처럼 '빨리빨리' 바쁘게 사는 한국 생활에 익숙해졌다.

학원에 도착했는데, 갑자기 주디스 씨의 모습이 보이지 않는다. 오래지 않아 주방에 있는 주디스 씨를 발견했다. 하지만 그녀는 주방에서 무엇을 하는지 한사코 주방 문을 열어 주지 않으려 한다. 그녀는 지금 늦은 점심을 먹는 중이다. 밥도 없이 두부에 고추 장아찌로 허기를 달랜다. 그날은 수업이 8시간이나 있는 날이어서 이렇게 자투리시간을 활용하지 않으면 식사를 거를 수밖에 없다.

두부를 집는 젓가락질이 여느 한국 사람 못지않다. 두부를 집는 것은 극도의 힘 조절과 감각이 필요하기 때문에 젓가락질의 최고난이도에 속한다. 아닌 게 아니라 그녀는 한국에서 살아오는 동안 입맛도 토종 한국 입맛으로 변해 버렸다. 필리핀에 갈 때도 반드시 젓가락을 챙

133

젓가락으로 두부를 집는 주디스 씨의 손. 주디스 씨는 고향인 필리핀 음식보다 한국 음식에 더 익숙해졌다.

기고 김치와 한국 과자도 빠뜨리지 않는다.

자투리 식사가 끝나고 초등학교 6학년 학생들의 영어 수업이 시작되었다. 아이들은 자기들의 영어선생님이 당연히 외국인일 거라고 생각했던 모양이다. 주디스 씨가 한국인이라고 밝히자 아이들이 의아해한다.

"한국 사람 아닌 것 같아요."

"외국인이 한국에 있으니까, 이상해요."

1957년, 대만 국적의 손일승 씨가 한국인으로 귀화한 이후 대한민국은 2011년 1월에 10만 번째 귀화 외국인을 맞이했다. 그 주인공은 인도 출신의 로이 알록 꾸마르 씨(부산외국어대학교 인도어과 교수로 재직 중이다)로, 1980년 정부 초청 장학생으로 한국에 온 지 31년 만에 한국 국적을 취득한 것이다. 법무부에 따르면, 1957년부터 2000년까지는 한국인으로 귀화한 외국인의 숫자가 연평균 34명에 불과했지만, 2001년부터 2010년까지는 연평균 9,816명이 귀화할 정도로 귀화 외국인의 숫자가 급증하고 있다. 하지만 국적이 바뀌어도 피부색과 생김새가 다르면 국민으로 인정받지 못하는 곳, 그것이 귀화 외국인 11만 명이 살아가고 있는 대한민국의 현실이다.

주디스 씨가 자신의 주민등록증을 꺼내 우리에게 보여 주었다. 약간 긴 이름이 적혀 있다는 것 외에는 우리와 똑같은 주민등록증이었다. 우리가 물었다.

"본인이 지금 한국인이라고 생각하세요?"

"한국인으로 생각해요."

"왜요?"

"한국인으로 생각하고, 제가 여기서 사니까."

스스로를 한국인이라고 생각하고, 한국을 삶의 터전으로 삼고 있는 것 이외에 어떤 조건을 더 충족시켜야 그녀가 바라는 '진짜 한국인'이 될 수 있는 것일까? 아마도 그녀가 채워야 하는 마지막 조건은 '민족' 문제일 것이다. 하지만 그것은 주디스 씨가 결코 충족시킬 수 없는 불가능한 조건이기도 하다.

다문화를 반대하는 목소리들

최근 들어 사회적으로 다문화사회를 지지하는 분위기가 고조되는 것과 동시에 다문화정책과 다문화주의를 반대하고 비판하는 목소리도 커지고 있다. 사회의 흐름이 한쪽 방향으로 치우칠 때, 편향성에 문제를 제기하고 비판을 가하는 것은 충분히 있을 수 있는 일이고, 다양성이 꿈틀거린다는 측면에서 상반되는 여론이 공존한다는 것은 그만큼 그 사회가 건강하다는 신호이기도 하다. 문제는 여론이 충돌할 때 비이성적이고 극단적인 성향을 보이는 의견과 주장이 대두해서 사안의 본

질을 흐리거나 여론을 그릇된 방향으로 몰고 간다는 것이다. '한국 정부가 세계의 쓰레기를 다 모아 놓고 있습니다'라는 글을 올리고, 국가 이름에 빗대어 외국인근로자를 '파퀴벌레(파키스탄인)', '방구(방글라데시인)'라고 지칭하는가 하면, 국제결혼 자체를 '매매혼'이라고 매도하거나 국제결혼을 해서 한국인의 아내가 되고 며느리가 된 외국인 여성들에게 사기결혼을 했다는 누명을 씌우는 등의 언행과 생각들이 그것이다. 이러한 언행과 생각들은 알게 모르게 우리의 의식에 영향을 미치면서 다문화사회와 그 구성원들을 '적'으로 분류하게 만든다. 이처럼 다문화를 반대하는 데 있어 극단적인 성향을 갖고서 폭력적인 구호를 외치는 이들은 다문화가 공격의 대상이 아니라 개선의 대상임을 분명하게 인식해야 할 것이다.

현재 다문화를 반대하는 입장은 크게 '삶의 범주'와 '민족·인종의 범주', 두 가지로 분류할 수 있다. '삶의 범주'에 무게중심을 두고서 다문화를 반대하는 이들은, 정부가 무분별하게 외국인근로자들을 수용하고 정주권(영주권과 유사한 개념이다. 투표권은 부여받지 않으나 경제 활동에 관해서는 국적자 수준으로 보장받는 권리다. 아직 국내에서 법적으로 시행되지는 않고 있다)을 주어서 주택의 임대비용이 올라 서민들이 도시 외곽으로 쫓겨나고 있고, 저임금으로 노동력을 제공하는 외국인근로자 때문에 서민들이 일자리를 잃고 생계에 위협을 받고 있으며, 늘어나는 외국인 범죄로 인해 우리나라 여성들의 안전이 위협받고 있다고 말한다.

이들의 의견은 일부 타당한 측면이 있다. 우리나라에 체류하는 외국인근로자의 수가 80만 명에 달하는 만큼 서민들은 분명 저가 임대주택을 놓고 그들과 경쟁해야 한다. 일자리 역시 마찬가지다. 외국인근로자와 경쟁해야 할 뿐만 아니라, 내국인에 비해 상대적으로 값이 싼 외국인근로자들의 수준에 맞추어 임금이 하향 조정되면서 서민들은 이중고를 겪고 있다. 외국인 범죄는 일정 인구를 기준으로 했을 때 범행 비율이 내국인보다 낮은 편이지만, 국내에 체류하는 외국인의 수가 증가하면 그만큼 외국인 범죄 역시 늘어날 수밖에 없다. 그리고 의료, 교육 등의 사회적 비용 역시 더욱 가중될 것이다. 이러한 문제들은 노동력의 적지 않은 부분을 해외 인력에 의존해야 하는 대한민국의 고용 현실과, 이러한 상황 속에서 역차별을 당해야 하는 내국인 서민들 사이에 발생하고 있는 풀기 어려운 숙제임이 분명하다.

다문화를 반대하는 이들이 제기하는 두 번째 범주는 민족·인종 문제다. '삶의 범주'에서 발생하는 갈등이 주로 외국인근로자를 대상으로 하는 반면, 이 '민족·인종의 범주'는 특히 귀화 외국인을 대상으로 한다. 민족·인종 문제로 다문화를 반대하는 사람들은 귀화 외국인과 내국인의 혼인으로 인해 한국인의 생물학적 순수성이 훼손됨으로써 민족과 국가의 정체성이 위협받는 것을 우려한다. 과거 미국의 KKK단이나 현재 유럽에서 세력이 커지면서 정치 세력화되고 있는 신나치주의자, 스킨헤드족이 백인우월주의를 표방하면서 인종 분리를 주장하는 것과 비교해 보면, 우리나라에서 진행되고 있는 반(反)다문화주의는 민족 분리에 치중하고 있다. 그만큼 단일민족사관이 우리의 의식에 내린 뿌리가 깊다는 말이다.

우리나라는 아직 민족·인종 갈등으로 인한 극단적인 상황을 경험하지는 않았다. 미국과 유럽의 국가들에서 일어나는 테러의 다수가 민족과 인종 갈등에 의한 것이라는 점은 민족·인종 문제가 언제든지 흉기로 돌변할 수 있다는 사실을 말한다.

여기에서 국문학자 이어령의 날카로운 지적이 떠오른다. 그는 소속감과 연대의식을 갖게 만드는 '가족', '동지', '국가'라는 단어가 타인의 희생을 강요하는 구호로 변질될 수 있음을 고발한 적이 있다. '가족적으로 일해 보자'는 말은 근무환경이 열악하고 임금이 낮아도 자기 집 일처럼 감수하라는 뜻이다. '동지애를 발휘하여'라고 할 때는 아예 대가나 보수 따위는 바랄 수 없다. '애국적 견지에서'는 돈을 적게 받고 안 받는 문제가 아니라 도리어 돈을 내라는 의미다. 그런데 '민족중흥의 사명'을 띠게 되면, 피를 흘릴 각오를 해야 하고 남의 피를 흘리게 할 각오도 해야 한다(종교와 사상 또한 피와 폭력을 정당화한다. 이러한 유사성에서 '민족'이란, 실체가 아니라 이데올로기라는 생각을 다시 한 번 하게 된다). 민족과 인종을 향한 맹신이 폭력을 정당화하는 의식의 도구로 사용될 수 있음을 인류의 지난 역사는 여러 차례 보여 주었다.

사진액자 속의 아이들

땅거미가 질 무렵, 하루 일과를 마친 주디스 씨의 귀갓길에 동행했다. 성남시 금곡동에 위치한 한 아파트로 들어서서 문을 열었다. 그런데 집안 분위기가 썰렁하다. 어색한 분위기 속에서 괜스레 집 구경을 한답시고 여기저기 둘러보았다. 작은 사진액자 속에서 귀여운 두 아이가 우리를 향해 웃고 있었다. 갑자기 침실에서 주디스 씨가 통화를 하는 목소리가 들려왔다.

"지영, 오늘 학교 안 갔지?"

휴대폰의 볼륨을 높여 놓은 덕분에 전화기 속에서 낭랑한 여자아이의 목소리가 흘러나왔다. 집에 오면 주디스 씨는 멀리 있는 아이들의 안부부터 챙기는 모양이었다.

주디스 씨는 한국에서 혼자 살아가고 있었다. 남편은 몇 년 전 간경화로 세상을 떠났다. 남편이 7년 동안 병과 씨름하는 동안 병원비와 약값이 계속해서 불어났다. 남편이 사망한 뒤 그것들은 고스란히 빚으로 남았다. 주디스 씨는 혼자서 하루 종일 바쁘게 뛰며 그 빚을 갚아 나가고 있었다.

주디스 씨가 냉장고에서 상자를 꺼내서 열어 보였다. 약봉지가 가득했다. 생전에 남편이 먹던 약이라고 했다.

"이제 필요 없잖아요. 근데 왜 아직까지……?"

우리의 물음에 주디스 씨는 알 듯 모를 듯 여러 가지 감정이 교차하는 듯한 표정을 지으며 대답했다.

"필요 없는데, 마음이 버릴 수도 없고 그래요."

"마음이?"

"네, 그래서 이태까지 여기 있어요. 아직까지 돈도 못 갚고 있는데……."

그런데 가슴에 쌓인 한숨처럼 상자 가득 빼곡한 약봉지가 그녀에게는 부담인 동시에 힘이 된다고 했다.

"그래서 내가 열심히 하는 거예요. 애 아빠 빚 때문에요."

"빚 때문에요?"

완전히 이해할 수는 없었지만, 무언가 알 것도 같았다. 때로는 삶의 짐이 세상을 살아가는 이유가 되기도 한다는 생의 아이러니를 완전히 이해하지는 못하지만, 그래도 우리는 그것을 받아들이며 살아가고 있으니까. 주디스 씨에게도 아직 해결하지 못한 빚이 홀로 한국 생활을 헤쳐 나가게 만드는 이유가 되고 있었다.

그러나 정작 그녀를 힘들게 하는 것은 죽은 남편의 병원비와 약값을 갚으며 허덕여야 하는 생활이 아니었다. 조금 전 통화를 했던 아이들에 대해서 물어보자, 주디스 씨의 눈가에는 금세 눈물이 맺혔다.

"제일 힘든 건…… 애들이 보고 싶어요."

주디스 씨는 "왜 눈물이 나지?"라고 말하며 눈가의 눈물을 훔쳤다.

한국인 아빠와 필리핀인 엄마 사이에서 태어난 지훈이와 지영이 남

주디스 씨의 작고한 남편이 먹던 약들. 아직도 냉장고에 고스란히 보관하고 있다.

매는 피부가 가무잡잡했고 생김새도 보통의 한국 아이들과는 달랐다. 그런 지훈이와 지영이를 또래 한국 아이들은 '아프리카 땡땡이'라고 놀리며 따돌렸다. 어떻게든 아이들과 함께 한국에서 버티려고 했지만, 남편이 세상을 떠난 뒤 주디스 씨는 가족의 생계를 책임져야 하는 가장이 되고 말았다. 하루 종일 바쁘게 여기저기 뛰어다니느라 거의 매일 학교에서 상처를 받고 돌아오는 아이들의 마음을 어루만져 줄 수조차 없었다. 그래서 주디스 씨는 생이별을 하는 아픔을 느끼면서도 아이들을 필리핀의 친정으로 보내야만 했다.

늦은 밤, 주디스 씨는 다시 옷을 챙겨 입고 집을 나섰다. 아직 일이 끝난 것이 아니었다. 근처 아파트의 한 가정을 방문해서 영어 수업을 했다. 공교롭게도 수업을 받는 아이는 필리핀에 있는 지훈이와 지영이 또래였다. 주디스 씨는 그 또래 아이들을 볼 때마다 자기의 아이들이 떠오른다고 했다.

우리는 궁금했다. 왜 주디스 씨는 아이들과의 생이별을 감수하고 갖은 고생을 하면서까지 한국에 남아 있는 것일까? 아, 하지만 그것은 너무나도 어리석은 질문이었다. 주디스 씨는 한국인이었다. 그녀의 아이들도 한국인으로 자라고 있었다. 남편을 만나기 전까지 22년 동안 그녀는 필리핀인으로 살았지만, 한국인으로 또 그만큼의 세월을 살았다. 이 땅에서 사랑을 했고 이 땅에서 아이들을 낳았고 이 땅에서 이 나라의 국민으로 살아왔다. 그녀는 지금 한국인이다.

주디스 씨를 만난 며칠 뒤 우리는 서울 모 초등학교의 한 학급을 방문해서 우리가 촬영했던 영광이와 주디스 씨, 로버트 할리 씨의 영상을 보여 주었다. 화면 속에서 세 사람은 하나같이 "나는 한국인입니다."라고 말했다. 선생님이 아이들에게 물었다.

"여러분들, 지금 화면을 통해 로버트 할리 아저씨, 주디스 아주머니, 영광이를 봤습니다. 여러분, 주디스 아주머니, 로버트 할리 아저씨, 영광이 같은 어린이들을 한국인이라고 할 수 있을까요? 여러분 생각은 어때요?"

아이들의 답변이 참 기특했다.

"한국인이라고 생각해요. 자신이 한국인이라고 굳게 믿고 있고요, 한국에서 살고 있다면 충분히 한국인이 될 수 있을 거라고 생각해요."

"자기가 한국인이라고 마음속으로 믿고 있고요. 또 다른 나라 사람이 우리나라 사람으로 안 된다는 법도 없잖아요."

"태어난 거와 모습은 많이 다르지만, 국적과 자기가 한국인이라는 마음이 통일돼 있으니까 우리 한민족이랑 똑같아요."

아이들 대부분은 스스로 한국인이라는 믿음만 있다면 누구나 한국인이고 또 한국인이 될 수 있다고 말했다.

이때가 2006년이었다. 학교 교과서에서 아직 단일민족이라는 말이 사라지기 전이었고, 다문화교육이 본격적으로 시작되기도 전이었다. 그런데도 아이들은 자기들과 생김새가 확연히 다른 영광이와 주디스 씨, 로버트 할리 씨를 두고 이들을 한국인이라고 말했다. 물론 그날의 수업 분위기 탓도 있었을 것이다. 왠지 모르게 세 사람을 한국인이라고 말해야 할 것 같은 그런 분위기 있지 않은가. 하지만 그 아이들의 답변이 100퍼센트 진심이 아니었다 해도, 그날의 수업으로 인해 그 아이들이 어른으로 자랐을 때는 귀화 외국인에 대한 편견을 조금은 덜 갖게 되지 않을까?

하지만 아이들의 세계와는 달리, 어른들의 세계에서는 귀화 외국인을 바라보는 시선이 아직도 냉담했다. 2006년에 SBS스페셜 제작팀이 실시했던 설문조사에서 '우리 민족을 단일민족이라고 생각하는가?' 라는 질문에 62.5%의 사람이 '그렇다' 라고 답변했다. 그리고 '귀화 외국인을 한국인으로 인정할 수 있는가?' 라는 질문에는 73.6%가 '인정할 수 없다' 고 답했다. 귀화 외국인을 한국인으로 인정할 수 없는 이유 가운데 첫째가 피부색이었고, 두 번째가 민족 문제였다. 이 결과를 분석해 보면, 현대의 한국인은 단일민족 문제보다도 귀화 외국인을 같은 국민으로 인정하는 문제에 대해 보다 민감하게 반응하고 있다는 사실을 알 수 있다. 그리고 피부색을 중시한다는 것은 많은 사람들이 한국인의 조건으로 '한국인다운 생김새' 를 중시하는 경향이 강하다는 사실을 보여 준다.

2006년, 한국계 미국인인 NFL의 슈퍼스타 하인스 워드가 MVP로 선정된 뒤 어머니의 나라인 우리나라를 찾았을 때 대중의 호응이 대단했다. 그런데 하인스 워드가 청와대를 찾았을 때 대통령이 이런 말을 했다. "워드 씨가 이곳에서 자랐다면 이만큼 성공할 수 있었을지 궁금합니다." 대통령의 이 질문에 대한 답은 당시 하인스 워드와 함께 귀국했던 그의 어머니 김영희 씨가 대신했다. 다른 자리, 다른 사람에게서 비슷한 질문을 받았을 때였다.

"내가 워드 데리고 한국에 있었다면 어떻게 됐을까? 아마 거지밖에 안 됐겠지."

흑인과의 사이에서 태어난 '혼혈' 남자아이……. 김영희 씨의 이 자조 섞인 대답은 다문화가정의 청소년들이 처한 대한민국의 현실을 말해 주고 있었다.

Chapter **3**

다른 게 나쁜 건
아니잖아요

　인천에 있는 한 중학교의 3학년 교실에서 수업이 한창 진행 중이다. 지금은 겨울방학 중이지만, 곧 중학교 졸업을 앞둔 예비 고등학생들의 방학캠프 수업 열기가 뜨겁다. 교실 안을 둘러보다 보면 어쩔 수 없이 창가 쪽에 앉은 한 학생에게로 시선이 끌린다. 교실 안의 다른 학생들에 비해 확연히 눈에 띄는 외모의 소년. 한국 학생들 사이에 있는 이 소년을 보면 누구나 이런 질문을 던지지 않을 수 없을 것이다.

"어느 나라 사람이에요?"

소년은 그런 질문에 익숙한 듯 수줍은 미소를 띠며 대답했다.

"우리나라 사람입니다. 얼굴은 이래도 국적은 한국."

소년의 이름은 파나마료브 다니엘. 혹시라도 상대방이 잘 알아듣지 못할까 봐 소년은 자기 이름을 한 글자씩 또박또박 발음한다. 다니엘은 2011년에 한국 나이로 열일곱 살이 되었다. 흔하지 않은 이름에 이국적인 외모를 지녔지만, 소년은 분명 한국에서 태어난 한국 사람이다. 러시아인 아버지와 한국인 어머니 사이에서 태어나 자란 이 사춘기 소년에게 대한민국은 어떤 기억을 심어 주고 있을까?

파나마료브 다니엘의 겨울방학

수업에 열중하고 있는 다니엘의 모습을 잠시 지켜보기로 했다. 학생들 틈에서 다니엘은 금세 눈에 띄지만, 수업을 듣는 태도나 선생님의 가르침을 깨알같이 노트에 받아 적는 모습은 여느 모범적인 중학생과 다를 바가 없다.

중학교 3년 내내 다니엘은 꽤 적극적인 학생이었다. 모르는 것이 있으면 거리낌 없이 교무실 문을 두드렸다. 오늘도 수업 중에 궁금한 것이 생겼는지, 수업을 마치자마자 교무실로 달려간다. 교무실로 들어서서는 사회선생님과 격의 없

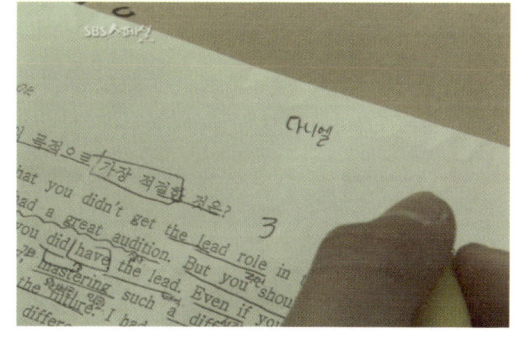

이 악수를 나누며 웃음을 터뜨린다. 카메라가 쫓아가지 못한 틈에 두 사람 사이에 재미있는 대화가 오간 모양이었다.

이 학교에서 사회과목을 가르치고 있는 강익원 선생님에게 다니엘에 대해서 물었다.

"얼굴이 잘생겼고 굉장히 선하고 남다르게 노력하는 점이 있고……. 관심이 많아요, 제가. 다니엘한테."

사회선생님과 인사를 나눈 뒤 다니엘은 궁금증을 풀기 위해 국어선생님에게 다가간다. 다니엘이 궁금했던 것은 국어의 의존명사였나 보다. 다니엘이 가장 좋아하고 또 자신 있어 하는 과목은 국어다. 국어만큼은 평소 실력으로 시험을 봐도 성적이 꽤 잘 나온다고 한다. 배운 것을 더 정확하게 알기 위해 찾아온 제자가 예쁜 듯, 다니엘을 대하는 국어선생님의 표정이 밝다. 다니엘을 가르쳐 본 선생님들은 하나같이 다니엘을 칭찬한다.

수업을 마치고 집으로 돌아가는 길을 동행하면서 짓궂은 질문을 던졌다.

"이렇게 지나가면 사람들이 쳐다보지 않아요?"

"쳐다보기도 하는데, 마을에서는 익숙해서 쳐다보는 사람이 적어요."

어디를 가나 늘 사람들의 시선을 느끼지만 이제는 제법 익숙해졌다고 한다.

대문을 열고 집으로 들어서자 크고 작은 개들이 번잡스럽게 다니엘

다니엘은 모범적이고 적극적인 학생이다. 공부하는 방식은 여느 한국 학생들과 똑같다.

을 반긴다. 심심하던 차에 같이 놀아 줄 다니엘이 와서 개들은 아주 신이 났다. 다니엘의 뒤꽁무니를 졸졸 쫓아다니며 마당을 종횡무진 어지럽힌다.

다니엘이 돌아올 시간에 맞추어 엄마 유은숙 씨가 점심식사를 준비해 놓았다. 그런데 테이블에 올라오는 음식이 죄다 한국 음식이다. 다니엘의 식단으로는 스테이크에 샐러드가 제격일 거라는 편견이 한 순간에 와르르 무너진다. 다니엘은 태어나서 얼마 지나지 않아 아버지의 나라 러시아로 가서 6년 동안 살다가 왔다. 초등학교에 입학하기 전까지 러시아에서 사는 동안 다니엘의 세상은 러시아가 전부였다. 그런데 어찌된 일인지 다니엘은 러시아 음식보다 김치를 더 좋아하는 영락없는 한국인 입맛을 가지고 있다.

한번은 이런 일이 있었다. 다니엘의 생일날, 엄마는 다니엘이 러시아 음식을 그리워할지도 모른다는 생각에 정성을 다해 러시아 음식을 준비했다. 그런데 러시아 음식을 먹은 다음날 다니엘은 학교에서 죄다 토해 내고 말았다고 한다. 그것도 이틀 동안이나 얼굴이 울긋불긋해질 정도로 고생을 했다. 속에서 받지 않았던 것이다.

엄마에게 다니엘은 늘 기특한 아이였다. 한글도 미처 다 깨우치지 못하고 한국의 초등학교에 입학했지만, 받아쓰기만큼은 늘 백점을 받아 오고는 했다. 어떤 생각에서였는지 다니엘은 유독 국어에 열심이었다. 틀린 글씨가 있어서 엄마가 체크를 해 주면 몇 번이고 다시 쓰

151

러시아에서 6년이나 살다가 왔지만, 다니엘의 식성은 영락없는 한국식이다.

면서 연습을 했다. 그리고 매일매일 한글로 쓰는 일기도 빠뜨리지 않았다.

요즘 다니엘은 러시아어 공부를 시작했다. 어릴 때 잠깐 살다 왔으니 러시아 말을 잊지 않으려면 꾸준한 연습과 공부가 필요하다. 두 나라의 언어를 자유자재로 말할 수 있다는 것은 아무나 가질 수 없는 큰 장점이다. 러시아에서 사는 동안 엄마는 다니엘이 한국말을 할 수 있도록 집에서는 항상 한국말만 썼다고 한다. 이제는 반대로 러시아어를 잊지 않기 위해 열심이다.

엄마 유은숙 씨가 우리 앞에 상장을 가득 늘어놓았다. 교과 우수상, 표창장, 효행상 등 다니엘의 이름이 적힌 상장이 수두룩하다. 스스로 공부하는 습관이 몸에 배어서인지, 다니엘은 또래 아이들 대부분이 다니는 그 흔한 학원 한 번 가 본 적이 없지만, 학교 성적은 늘 우수했다.

다니엘에게 커서 무엇이 되고 싶은지 물었다. 잠시 고민을 하다가 대답했다.

"전 의사를 하고 싶은데요, 이과가 너무 어려워서 지금 많이 고민하고 있는 중입니다."

왜 의사가 되고 싶으냐는 물음에 간단하게 대답했다. 남을 돕고 싶어서란다.

"봉사를 하고 싶어서요. 의사가 되면 봉사할 수 있는 기회가 많아지니까. 사람을 치료한다는 것만큼 선한 일이 없는 것 같아요. 죽어 가

다니엘은 공부도 잘하고 음악에도 재능이 뛰어난 팔방미인이다.

는 사람을 살리는 게 의사 일이잖아요. 얼마나 좋아요?"

저녁이 깊어질 무렵 다니엘의 방에서 기타 소리가 흘러나왔다. 기타 치는 실력이 수준급이다. 피아노 연주 실력도 상당했다. 공부 잘하고, 음악에 소질 있으며, 성품이 고와서 학교 선생님들로부터도 사랑을 받는 다니엘은 지금껏 곱게만 자라온 듯 보였다. 다문화가정 아이들은 학교생활을 하면서 상처를 입는 일이 더러 있다고 하는데, 다니엘만큼은 예외인 듯했다.

하지만 다니엘의 어린 시절이 그리 순탄했던 것만은 아니었다. 소년에게도 마음에서 쉽게 지워지지 않는 상처가 있었다. 초등학교 5학년 때 벌어진 한 사건이 그것이었다.

다니엘이 부르지 못한 노래

대한민국 사람이 즐겨 부르는 대표곡을 꼽으라면 어떤 노래가 있을까? 아마도 이 노래가 대표곡 중의 하나가 아닌가 생각한다.

울릉도 동남쪽 뱃길 따라 이백 리
외로운 섬 하나 새들의 고향
그 누가 아무리 자기네 땅이라고 우겨도

다른 게 나쁜 건 아니잖아요

독도는 우리 땅

〈애국가〉와 〈아리랑〉만큼이나 우리나라 사람들이 즐겨 부르는 노래 〈독도는 우리 땅〉이다. 1982년에 처음 불린 이 노래는 벌써 30년이라는 시간 동안 세대와 세대를 이어 오면서 사랑받은 대한민국의 애창곡이다.

다니엘이 초등학교 5학년이었을 때, 수업시간에 이 노래를 불렀다. 그런데 갑자기 한 아이가 노래를 부르고 있는 다니엘에게 트집을 잡았다. 네가 러시아 사람이지, 한국 사람이냐? 네가 왜 〈독도는 우리 땅〉을 불러? 한 아이가 시작하자, 다른 아이들도 이에 가세했다. 다니엘은 "나는 한국 사람이야."라고 항변했다. 다니엘은 러시아에서 한국으로 온 뒤로 자신은 줄곧 한국 사람이라고 말해 왔다. 하지만 아이들은 막무가내였다. 너는 너희 아빠가 러시아 사람이니까 너도 러시아 사람이야. 너는 〈독도는 우리 땅〉 부르지 마. 다니엘의 편을 들어주는 아이는 단 한 명도 없었다. 다니엘은 입을 다문 채 있어야 했다. 그해에는 유달리 그 노래를 많이 불렀다고 한다. 다니엘은 그 노래가 나올 때마다 팔짱을 낀 채 고개를 숙이고 있어야 했다.

다니엘로부터 그 이야기를 전해 들은 엄마는 마음이 많이 아팠다. 엄마가 기가 막혀서 "이 일을 어떻게 하냐? 어떻게 하면 좋을까?" 하고 혼잣말을 하고 있는데, 다니엘이 그랬다고 한다. "괜찮아. 안 부르면 그만이지, 뭐."

다니엘의 엄마 유은숙 씨는 그때의 일을 우리에게 전하며 눈물을 훔쳤다.

"그러니까 그 아이들 앞에, 아이들 틈에서…… 자기는 한국 사람이라고 생각하고 '독도는 우리 땅'이라고 그 노래를 부르고 싶은데, 애들이 못 부르게 하니까……. 그 노래를 한동안 계속 불렀거든요. 그때마다 애는 입을 딱 다물고 이렇게 고개 숙이고 있는 거잖아요. 그러니까 학교를 보내면서 너무 마음이 아파서, 학교 보내기가 싫더라고요. 저는 보내기가 싫어 가지고……."

끝내 유은숙 씨는 말을 잇지 못했다.

어떻게 보면, 아이들 사이에서 흔히 일어날 수 있는 사소한 갈등이라고 말할 수 있을지도 모른다. 하지만 스스로를 당연히 한국 사람이라고 생각해 왔고, 한국적인 가치관을 교육 받으며 자라 온 다니엘에게, 반 친구들 전체가 자신을 이방인 취급하며 밀쳐 낸 그 일은 큰 충격이자 상처로 남았다.

다니엘과 함께 당시의 그 초등학교로 가 보았다. 다니엘도 3년 만에 가 보는 것이라고 했다.

학교 운동장에 들어선 다니엘이 손으로 자신이 공부하던 교실을 가리켰다.

"그 전엔 아무 생각 없이 그냥 살았으니까. 그런데 한국에 있는 민

157

3년 만에 초등학교에 온 다니엘이 자신이 공부하던 교실을 가리키고 있다.

족들은 너무 강해요. 단결심, 종족 간에, 민족 간에……. 그래서 다른 사람들을 좀 무시하는 게 없지 않아 있어요. 자기들과 다르게 생겼다거나 아니면 피부색이 다르다거나 그러면 좀 욕도 많이 먹고……."

친구도 없이 외톨이로 지내야 했던 6년 동안 다니엘은 무척 힘겨웠을 것이다. 그 힘든 시간을 다니엘은 어떻게 견뎌 냈을까?

"애들이 '너는 외국인이다' 이렇게 말하잖아요? 이게 사사롭게 받아들이면 좋아요. 별로 신경 쓰지 않고 그냥 대충대충 넘기거나 그러면 이해가 되면서……."

아이들이 트집을 잡을 때마다 거기에 하나하나 대꾸하기보다는 그냥 한 귀로 듣고 한 귀로 흘려 버리는 것, 그것이 다니엘이 체득한 그만의 견디는 방식이었다. 그리고 그것은 참으로 서글픈 단련이었다. 아직 어린 다니엘에게 한국인으로 산다는 것은, 이해할 수 없는 일을 애써 받아들이며 마음을 다쳐도 스스로 알아서 견디고 치유해야 하는 것인지도 모른다.

대영이네
3남매의 소원

전라남도 진도의 한 마을. 논두렁과 밭두렁이 옆으로 펼쳐진 길을 따라 세 아이가 달려오고 있다. 열여섯 살 대영이와 열네 살 문영이, 열 살

진도에 사는 대영이, 문영이, 은영이가 배추밭을 향해 걸어가고 있다.

막내 은영이가 부지런히 어딘가로 향한다.

　2011년 겨울은 유난히 추웠다. 추위는 진도도 예외가 아니었다. 볼이 벌겋게 달아오른 3남매가 도착한 곳은 배추밭이다. 배추를 뽑아 오라는 아빠의 심부름 때문에 함께 출동한 것이다.

　대영이와 문영이가 땅에 단단히 뿌리박고 있는 큼지막한 배추를 뽑으려고 안간힘을 쓰고 있다. 곁에서 은영이가 오빠와 언니를 응원한다. 이윽고 고집스럽게 버티던 배추가 땅 위로 쑥 뽑혀져 올라왔다. 대영이가 익숙한 솜씨로 배추에 묻은 흙을 탈탈 털어 내더니 준비해 온 칼로 마른 잎을 쓱쓱 쳐낸다. 곧 탐스럽게 윤기가 흐르는 배추의 속이 모습을 드러냈다. 역시 장남 대영이는 뭘 시켜도 듬직하게 일을 잘 해낸다. 칼로 배추꼭지까지 정리하고 나자, 혹독한 겨울의 매서운 섬 바람을 이겨 낸 배추가 통통하고 단단한 모습으로 아이들 품에 안겼다.

　배추를 들고 가는 일은 문영이와 은영이의 몫이다. 자기 머리보다 큰 배추를 머리에 이고 가던 막내 은영이가 걸음을 잘못 옮겨 앞으로 고꾸라진다. 금세 웃음소리가 퍼진다. 싱싱한 배추 두 포기를 이고 지고 집으로 향하는 아이들의 모습은 여느 농촌 아이들처럼 순박하고 정겹다.

　그날 저녁, 아이들은 일터에서 돌아온 아빠 앞에 배추 두 포기를 대령했다. 아빠가 탐스러운 배추를 내려다보며 흡족한 미소를 짓는다.

엄마가 칼을 가지고 와서 배추를 반으로 가르자, 노란 속이 드러난다. 참 맛나 보인다. 배춧잎 하나를 떼서 입으로 가져간 엄마가 탄성을 지른다.

"아, 달다 달아. 참 달다."

그러자 아빠도 3남매도 배추에 달려든다. 배춧잎 한 장으로도 오순도순 즐겁다. 참으로 소박한 행복이 느껴지는 풍경이다.

저녁상에 올리려고 엄마가 톳나물을 무친다. 대영이 3남매의 엄마 테레시다 씨는 고향이 필리핀이다. 한국 음식이라고는 한국에 시집와서 난생처음 접했지만, 이제는 못하는 음식이 없을 정도가 되었다. 게다가 솜씨 역시 시어머니의 인정을 받을 만큼 뛰어나다.

어느새 한 상 가득 반찬이 올랐다. 남도의 맛깔스러운 음식들을 대하니 우리 취재진의 입 안에도 어느새 침이 돌았다. 아이들은 엄마가 매일 차려 준 밥상으로 건강하게 자랐다. 이 아이들에게 엄마는 언제나 최고의 요리사다.

저녁 식사 후, 호기심 많은 막내 은영이가 취재진의 카메라를 들었다. 은영이가 엄마를 향해 카메라를 들이대면서 "김치."를 하라고 자꾸 보챈다. 부엌일을 하던 테레시다 씨가 돌아서서는 카메라를 향해 손가락으로 브이를 그려 보이며 "김치이." 하고 웃는다.

이번에는 첫째 대영이가 카메라를 잡았다. 대영이는 은영이를 비추면서 묻는다.

대영이 3남매는 엄마 테레시다 씨가 차려 주는 밥상으로 건강하게 자랐다.

"은영아, 오빠가 좋아, 언니가 좋아?"

"그건 안 돼."

"왜?"

"똑같으니까."

대영이의 카메라가 문영이를 향한다.

"넌 네가 예쁘다고 생각해?"

"보통이라고 생각해. 보통, 약간."

장난으로 시작한 셀프카메라를 통해 아이들의 속마음이 드러난다. 평소 둘째 문영이는 오빠한테 불만이 많았나 보다. 문영이가 대영이를 쏘아붙인다.

"같은 동생이잖아!"

"왜 같은 동생이지? 넌 하얗고 쟤는 꺼멓잖아."

"그렇다고 까만 재만 농생 해 줘?"

"응, 나랑 같잖아. 까만색. 너만 하야니까 미워하지."

3남매에게는 피부색이 무척 민감한 부분이었던 듯하다. 둘째 문영이의 피부가 밝은 데 비해 첫째 대영이와 막내 은영이는 가무잡잡한 편이다. 갑자기 대영이가 어리광을 부리듯 말한다.

"아빠, 나 수술해 줘."

이를 지켜보던 아빠가 한마디 거든다.

"네 피부는 시커먼 피부가 아니야. 아빠 닮아서 그렇지."

호기심 많은 막내 은영이가 우리 취재진의 카메라를 들었다.

사실 3남매는 그동안 가무잡잡한 피부색 때문에 마음 상하는 일이 자주 있었다고 한다.

대영이는 방과 후에 학교 형들에 붙들려서 맞은 적이 있다. 특별히 잘못한 것이 있다거나 그들의 비위를 건드려서가 아니었다. 단지 피부가 가무잡잡하다는 것이 이유였다. 문영이는 친구들 틈에서 무시를 당하는 경우가 자주 있다. 그래서 따지면, 친구들은 "야, 필리핀 사람이 뭘 아냐?" 하면서 또 다시 무시를 하고는 했다. 은영이는 길을 가다가 '아프리카 사람'이라고 놀림을 받은 적이 많다고 했다. 우리에게 밝힌 이러한 일 외에도 3남매는 또래 아이들 속에서 은근한 따돌림과 무시를 당하며 어린 시절을 보냈다.

진도에 다문화가정이 흔치 않았던 16년 전, 엄마 테레시다 씨는 낯설고 먼 나라로 시집와 세 아이를 낳았다. 노총각으로 지내다가 늦게 결혼한 아빠 설달성 씨에게 아이들은 큰 기쁨이자 보람이었다. 풍족하진 않아도 아이들을 밝고 건강하게 키우고 싶었다. 그런데 뜻하지 않게 아이들에게 쏟아진 시선이 엄마 아빠는 당혹스럽고 속상했다.

아이들이 마음 상하는 일이 있을 때마다 어떻게 말해 주었냐고, 테레시다 씨에게 물었다.

"그냥 받아들여. 엄마가 필리핀이니까…… 얘기했어요."

"그래도 속으로는 마음이 정말 많이 상하셨을 거 아니에요?"

"속상하죠. 어떡해요. 정말 필리핀 사람인데, 어떡해요."

아빠 설달성 씨가 처가에 다녀오느라 필리핀에 갔을 때 이야기를 들려주었다. 그는 필리핀에서 단 한 번도 이방인 취급을 당한 적이 없다고 했다. 버스를 타고 시내를 돌아다닐 때도 불편한 시선을 느낀 적이 없었다고 한다. 다민족국가 필리핀에서 설달성 씨는 단지 한 명의 '사람'일 뿐이었다. 차별과 편 가르기가 대한민국 땅에서 유독 혹독하게 이루어지고 있는 것이다.

"내가 어렸을 때 텔레비전에 혼혈 가수들 보면서 '튀기'라고 얘기를 했었는데, 결혼하고 나니까 그런 것이 제일 먼저 떠오르더라고요. 우리 애들이 놀림이나 받지 않을까. 그런데 동네 한 어르신이 우리 애들한테 그랬어요. 튀기네? 튀기들하고 가네? 그랬어요. 애들이 앞에 가고 내가 뒤에서 가고 있는데. 그때 그 얘기 들으면서, 내가 어려서 그렇게 해서 우리 애들도 이런 소리 듣지 않는가 하는 그런 생각이 들더라고요. 무심결에, 그 생각이 갑자기 딱 드는 거예요."

어릴 때 다민족 간에 태어난 연예인들을 보며 그들을 비하했던 것이 고스란히 자신의 아이들에게 돌아오리라는 걸 어떻게 생각이나 할 수 있었을까? 어렸을 때 설달성 씨는 특별히 '혼혈' 연예인들에게 나쁜 감정이 있었던 것은 아니었다. 다만 '우리'에 속할 수 없다고 여겼던 '독특한 존재들'에게 던진 가벼운 농담 같은 것이었다. 나하고 다르거나 못한 것이 있으면 집단으로 놀려 대고는 했던 그 아잇적 놀이들과 마음이 사실은 지금 자신의 아이들이 겪고 있는 고통의 뿌리라는 걸 설달성 씨는 무섭게 깨닫고 있다.

 마당에 불을 피우고 철망을 놓았다. 그 위에 싱싱한 굴을 올려 굽는다. 할머니까지 여섯 식구가 옹기종기 불 주위에 모여 앉아 굴을 까먹는다. 아이들의 모습을 할머니가 지켜보고 있다. 할머니에게 대영이, 문영이, 은영이는 장손을 뒤늦게 장가보내 얻은, 누가 뭐래도 귀한 손자, 손녀들이다.

 첫째 대영이와 둘째 문영이는 이제 사춘기에 접어들었다. 그래서 엄마 아빠는 한창 예민해질 나이에 그동안 받아 온 크고 작은 상처들이 행여 더 깊어지지 않을까 걱정스럽다. 핏줄에 대한 사람들의 단단하고 오래된 편견이 쉽게 거둬지지 않는다는 걸 잘 알기 때문이다.

 행정안전부에 따르면 2011년 현재 18세 이하의 다문화가정 청소년은 15만여 명에 이른다. 이 아이들 중 청소년기를 아무 탈 없이 보내고 있는 아이가 몇 명이나 될까? 이 아이들을 모두 특별학급에 수용할 수는 없다. 현실적으로 다문화가정의 청소년들을 개별적으로 교육할 만한 시설이 부족하기도 하거니와, 이 아이들을 일반 한국인 아이들과 분리시킨다는 것은 영원히 이 아이들을 한국사회의 주변인으로 만드는 나쁜 결과를 초래하게 된다. 이래저래 다문화가정 부모의 가슴앓이가 깊어질 수밖에 없다.

 2012년 1월에 모 일간지에서 보도한 이스마엘의 사연은 다문화가정의 아이들이 겪을 수 있는 극단적인 사례를 보여 주었다. 그날은 담임선생님이 늦게 출근하는 바람에 아이들끼리 교실에 있었다. 한 아이가 학급에서 가장 재수 없는 아이를 투표로 뽑자는 제안을 했고, 28명 중에 2명을 제외한 아이들이 이스마엘을 지목했다. 이스마엘은 방글라데시 출신 아빠와 한국인 엄마 사이에서 태어난 다문화가정 아이였다. 투표 결과가 발표되기 무섭게 학급의 남자아이들이 이스마엘을 교실 뒤쪽으로 끌고 갔다. 발길질이 시작되었다. 온몸에 타박상을 입은 아이는 병원으로 옮겨졌다. 육체의 상처보다 마음의 상처가 더욱 깊었다. 이후로도 반 아이들의 폭력은 계속되었다.

어느 날 이스마엘은 엄마에게 고통 없이 죽는 방법이 없느냐고 물었다. 어떻게 열한 살 아이의 입에서 그런 소리가 나올 수 있었을까. 이스마엘은 현재 심한 우울증과 대인기피 증세를 보이고 있다. 학급 대부분의 아이들이 이스마엘을 지목하고, 이스마엘이 또래 아이들로부터 지속적인 폭력을 당해야 했던 데는 이유가 있었다. 피부색이 검다는 이유였다.

서울장신대학교 사회복지학과의 박은미 교수는, 아동기에 편 가름 속에서 차별과 폭력 등의 부정적인 경험을 한 아이들은 사춘기에도 긍정적인 자아를 형성하기 힘들다고 말한다. 굳이 전문가의 진단이 아니라 하더라도 어릴 때부터 나는 남과 다르다는 인식을 가진 채 그 '차이'를 '약점'으로 수용해 버린 아이가 어떤 청소년기를 맞이할지, 그리고 이러한 문제를 극복하지 못한 채 성장한 뒤에 이 세상을 어떤

다문화가정의 아이들은 힘겨운 유년기와 청소년기를 보내고 있다. 아이들이 자신과 다르다는 이유로 차별과 왕따를 하는 것은 모두 어른들의 편 가르기를 흉내 낸 결과이다.

시각으로 바라볼지 걱정스럽지 않을 수 없다. 그런데 도대체 이스마엘의 학급 아이들은 왜 '다르다'는 것을 '나쁘다'는 것으로 받아들이고 그와 같은 행동을 한 것일까?

   필리핀에서 한국으로 귀화한 주디스 씨가 가르쳤던 어린이집의 아이들도 자신의 영어선생님이 자신들과는 다르다는 점은 인지하고 있었다. 하지만 아이들은 '차이'를 인지하더라도 그것 때문에 상대방을 차별하거나 배격하지는 않는다. 차이를 차별로 연결하는 것은 인간 본연의 심성이 아니라 사회적으로 훈련된 행동양식이다. 그리고 그와 같이 그릇된 행동은 모두 어른들의 세계를 모방하는 과정에서 습득하게 된다.

Chapter **4**

이 아이들에게
내일을
선물해 주세요

앞서 스페인에서 온 백인 남성 벤저민 샤퍼 씨가 우리나라 사람들로부터 어떤 환대를 받았는지 기억할 것이다. 우리나라 사람들이 같은 아시아인이나 흑인들에 비해 백인들에게 우호적인 태도를 취한다는 것은 그런 대접을 받는 백인은 물론 한국인 스스로도 인정하는 사실이다. 하지만 백인을 향한 한국인의 친절은 어디까지나 그들이 '손님'일 경우에만 베풀어지는지도 모른다. 백인이라 할지라도 '한국 사람'이 되고자 할 때 그들은 냉엄한 현실과 마주해야 하기 때문이다. 그 현실이란 이런 것이다.

'당신이 손님일 때는 언제든 환영하지만, 당신을 가족으로 받아들일 수는 없다.'

한국인의 정과 친절을 경험한 백인들은 '한국인'이라는 울타리 안으로 진입하려는 순간, 예기치 못한 경계와 편견의 장벽에 가로막힌다. 한국인으로 귀화한 대다수의 백인들이 이런 경험을 하고 있다. 소외감이 점점 커지면서 그들은 자신이 결코 한국사회의 일원으로 완벽하게 동화될 수 없다는 사실을 깨닫게 된다.

순혈주의가 만든
우리 안의 장벽들

단일민족사관은 여러 층위의 관념들을 파생시키고 재생산해 내는데, 그중 하나가 '순혈주의'다. 순혈주의는 일단의 무리가 지닌 혈통의 순수성을 보존하기 위해 다른 종족이나 민족의 피가 섞이는 것을 원천적으로 봉쇄하고자 한다. 우리 민족의 순혈주의를 지향하는 사람들에게 '외국인'과 '다른 민족'은 결코 '우리' 안에 들여서는 안 되는 불순한 존재가 된다. 이때는 못사는 나라에서 온 아시아인과 흑인, 잘사는 나라에서 온 백인을 구분하지 않는다. 문화적·경제적 인종주의보다 더 강력한 배타성을 지닌다. 때문에 순혈주의를 극복하지 않는 한 귀화 외국인과 다문화가정에서 태어난 자녀들은 '주변인'에 머무를 수밖에 없다.

그런데 이러한 순혈주의가 반드시 민족·인종 문제에만 국한되는 것은 아니다. 대한민국 사회의 구성원들은 민족과 인종 문제를 떠나 일상생활을 해 나가면서 수많은 순혈주의에 부딪치게 된다.

　순혈주의라는 말에는 3가지 의미가 담겨 있다. 첫 번째가 '순수함'으로, 오염되지 않겠다는 의지를 드러낸다. 두 번째가 '피'로, 이를 통해 생물학적 연대와 전통을 추구한다. 세 번째는 '집단'이다. 동일한 유전인자를 공유하고 있는 사람들끼리 일정한 영역을 구축하고 뭉쳐 있다는 말이다. 이러한 생각의 바탕에는 근본적으로 나와 다른 것은 나쁜 것 또는 적이라는 인식이 깔려 있어서, 순혈주의는 기득권을 획득한 일정한 무리가 '타인'을 배격하는 의식의 도구로 이용되기도 한다. 출신 대학의 지원자를 우선적으로 교수에 임용하는 대학가의 관례라든지, 학연과 지연을 중시하는 정치가의 계보정치, 공직사회에서의 자기 사람 중용, 문화·예술·스포츠계의 밀어 주고 끌어 주기, 색깔론 등이 순혈주의에서 비롯된 패거리문화의 악습들이다. 오래전부터 사회문제로 서론되어 온 '왕따' 현상 역시 패거리문화가 지닌 배타성에서 비롯된 것이다. 이와 같은 사회적 병폐가 유독 '피'와 '민족'을 중시하는 국가에서 두드러지고 있다는 사실은 단일민족의식과 패거리문화가 결코 무관하지 않음을 의미한다.

　여기서 다시 한 번 단일민족사관이 지닌 함정을 목격하게 된다. 민족의 자주성을 강화하고 화합과 단결을 도모하는 데 있어 정신적 구심점으로 기능해야 할 단일민족사관이 오히려 민족 간의 분열과 사회의 균열을 조장하는 도구로 변질될 수 있다는 것은 참으로 아이러니다.

한국사회의 한 가지 특징인 패거리문화는
어쩌면 단일민족사관에서 파생된 여러 가지 관념과
의식의 결과물인지도 모른다.

어쩌면 지금 우리가 주장하는 단일민족 이념은 애초의 본질에서 한참 벗어나 기득권 유지와 이익 추구를 목적으로 하는 정치적 구호로 전락했는지도 모른다. 그리고 우리와 같은 민족인 새터민과 중국 동포, 구소련 지역 동포를 향한 우리의 차별의식을 볼 때, 단일민족사관에서 '민족'이라는 개념은 일찌감치 그 의미를 상실했는지도 모른다.

북한을 탈출한 사람들이 전 국민적인 환영을 받던 때가 있었다. 남한의 민주주의와 북한의 사회주의가 첨예하게 대립하던 시기에 북한을 탈출해서 대한민국의 품에 안긴 그들은 민주주의의 우월성을 대변해 주는 상징적인 존재였다. 분단 이후 1997년까지 800명에 불과했던 '새터민'들의 숫자는 2007년에 1만2천 명을 넘어선 뒤 빠른 속도로 증가해서 2011년 11월에는 2만3천 명에 이르고 있다. 한때 '귀순용사'로서 뉴스의 중심에 섰던 이 새터민들은 그 수가 늘어나면서 희소가치가 떨어졌다. 더 이상 '북한을 탈출한 북한 주민'은 관심의 대상이 아니었다.

이 새터민들을 바라보는 우리의 시선은 어떨까? 새터민들은 50년 동안 지속된 냉전시대에 대한민국과는 다른 체제와 환경 속에서 살아왔다. 그들은 우리와 언어, 문화, 풍습을 공유하고 있지만 '한국인'으로서는 걸음마 단계에 있다. 바로 이러한 미숙함 때문에 한국인들은 새터민들을 '아래'로 보는 경향이 있다. 새터민들은 정부의 정착지원금을 받아 어렵게 한국에 정착하지만, 사회에 진출하는 데 있어 한계에 부딪치기 때문에 대부분이 경제적으로 최하층에 속해 있다. 새터민 사회가 아직 성숙하지 못한 것이 중요한 원인이기도 하겠지만, 새터민을 바라보는 한국사회의 편견과 차별의식이 그들을 고립시키기 때문이기도 하다.

'조선족'이라고 불리는 중국 동포들과 '고려인'이라고 불리는 구소련 지역의 동포들도 한국인들의 불편한 시선을 감수해야 한다. 중국과 구소련 지역의 동포들은 우리와 같은 한민족이지만 외국인근로자와 다름없는 대접을 받고 있다. 그들은 새로운 삶을 꿈꾸며 할아버지의 나라, 아버지의 나라를 찾았지만, 같은 민족의 박대와 멸시 속에 심한 박탈감과 현실적인 어려움을 겪고 있다.

우리 한국인의 배타성과 폐쇄성은 같은 민족마저 '주변'으로 밀어내고 있다. 민족 간에 위계(位階)를 만들고 서열을 형성한다. 그들을 같은 민족으로 여기는 마음보다는 '못사는 나라에서 온 사람'으로 보는 시각이 더 강하기 때문이다.

대한민국의 일꾼이 되고 싶습니다

2011년 겨울, 우리는 안산시에 위치한 대안학교인 들꽃피는학교를 찾았다. 저녁 시간인데 강당에는 10대 청소년들이 자리를 가득 메우고 있었다. 모두 이 학교의 입학설명회를 듣기 위해 모인 중간입국자녀들이었다.

중간입국자녀란, 외국에서 태어나 자라다가 한국인과 재혼한 아버지, 어머니를 따라 한국에 들어온 다문화가정의 자녀들을 말한다. 지난 몇 년 사이 중간입국자녀들이 이전에 비해 4배 이상 증가했다. 이들은 이미 출신 국가의 문화와 환경에 적응을 한 상태이기 때문에 한국이라는 낯선 사회의 일원으로 살아가기 위해 갖추어야 할 것들이 너무나 많다. 특히 언어와 학력은 가장 큰 걸림돌이다.

중간입국자녀들은 공부를 하지 않으면 이 사회의 구성원으로 살아가기 힘들고 돈을 벌기도 힘들다는 사실을 잘 알고 있다. 특히 한국사회가 학력을 중요하게 여긴다는 사실에 대해서도 잘 알고 있다. 하지만 이 아이들을 가르칠 교육기관이 턱없이 부족하다. 일부 아이들은 들꽃피는학교와 같은 대안학교의 문을 두드리지만, 대안학교를 졸업한다 하더라도 학력을 인정받을 수 없기 때문에 고등교육 과정으로 진학할 수가 없다. 실제로 중간입국자녀들은 다문화가정의 청소년들보다 더욱 힘든 현실에 처해 있다.

다음 페이지의 그래프에서 나타나는 것과 같이 중간입국자녀들의 진학률은 현저히 떨어진다. 열 명 중 일곱 명이 언어 문제와 학력 문제, 왕따 문제로 고등학교 진학을 포기해 버린다.

광주에 위치한 대안학교인 새날학교에는 80여 명의 중간입국자녀

들꽃피는학교의 입학설명회에 참가한 중간입국자녀들.

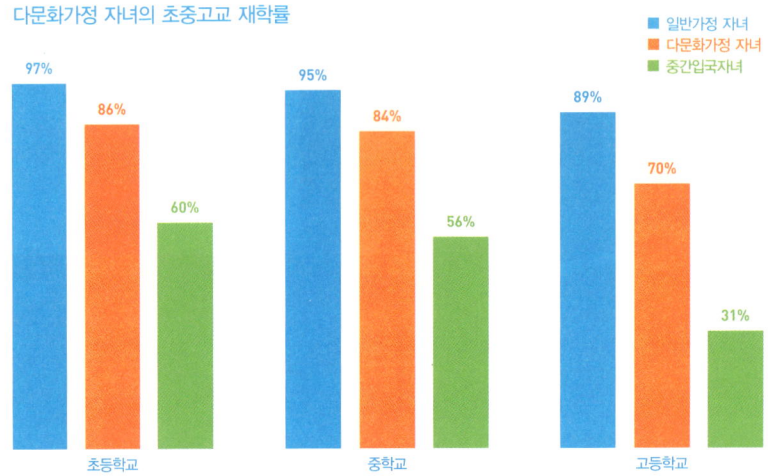

들이 다니고 있다. 이들의 한국어 실력은 초등학생 수준이다. 국어 수업의 교재도 그림이 많고 글은 적은 동화책이다. 하지만 수업을 듣는 열의만큼은 뜨겁다. 수업시간의 분위기도 무척 밝다.

2007년에 문을 연 새날학교는 지금까지 중국, 일본, 러시아, 북한, 우즈베키스탄, 몽골, 베트남, 인도네시아 등 14개국의 학생들이 공부했다. 이곳에서 공부하는 학생들은 주변 지역의 초·중학교에 원적을 두고서 새날학교에서 위탁교육을 받는다. 그렇게 공부를 하다가 새날학교를 졸업하면 원적을 두고 있는 학교의 졸업장을 받는다(2011년 6월, 이 학교는 중학교 학력 인증을 받았다). 하지만 이 아이들은 중학교를 졸업해도 일반 고등학교에 진학하기가 쉽지 않다.

2012년 2월, 새날학교는 37명의 '1회 졸업생'을 배출했다(초등 3명, 중등 34명). 하지만 중등 과정을 졸업한 학생들 대부분이 광주 지역의 고등학교에서 원적을 얻지 못했다. 이들의 학력이 일반 한국 학생들과 격차가 있다고 판단한 고등학교들이 입학을 거부했기 때문이다. 이들 중 20명은 충북 제천에 있는 한국폴리텍 다솜학교와 서울 홍인동에 위치한 서울다솜학교 등에 진학했고, 1명은 전남 외국어고등학교에 진학했다. 나머지 학생들은 아직 진로를 결정하지 못하고 있다. 이 아이들은 한국말이 서툴고 가정 형편이 여의치 않아 진학을 하지 못할 형편에 처해 있다.

중국 동포인 엄마, 아빠를 따라온 중간입국자녀들은 비교적 한국말을 잘하는 편이지만, 이 아이들 역시 고등교육 과정에 편입하기에는 현실적인 어려움이 많다. 중국 동포 출신인 열여덟 살 설현이는 새날학교에 오기 전에 일반 한국 학교에 입학하고 싶어 했다. 하지만 준비해야 할 서류가 너무 복잡해서 포기했다고 한다. 설현이처럼, 한국어를 구사할 수 있지만 행정적인 절차 문제로 인해 진학을 포기하는 사례가 적지 않다.

이 아이들을 한국사회의 일원으로 키울 수 있는 해법이 없을까? 새날학교의 이천영 교장선생님은 중간입국자녀들을 한국의 정형화된 교육 시스템에 억지로 끼워 맞출 것이 아니라, 이 아이들이 가진 장점을 키울 수 있는 방향으로 '맞춤교육'을 실시해야 한다고 말한다. 중간입국자녀들이 가진 장점이란 바로 이중 언어를 구사할 수 있다는 점이다.

"이들은 이중 언어가 아주 잘되는 아이들입니다. 어린아이와 달라요. 이 아이들은 자기 모국어를 잊어 버리지 않기 때문에 한국어만 잘 가르쳐서 이중 언어 구사자로 이 땅에 잘 정착할 수 있도록 도와준다면, 문제아가 아니라 우리나라의 보석이 될 수 있는 아이들입니다."

우리 SBS스페셜 제작팀은 이러한 사실을 2006년에도 확인한 적이 있다. 스리랑카 출신의 미등록 외국인근로자 엄마아빠에게서 태어난 영광이를 따라갔던 코시안의 집에서 우리는 여러 나라의 언어를 구사하는 아이들을 쉽게 발견할 수 있었다. 베트남 출신인 초등학생 한풍이는 베트남어와 영어, 한국어를 자유자재로 구사했다. 콩고 출신의 부모에게서 태어난 네 살 다니엘은 한국어와 콩고어는 물론 영어와 불어까지 모두 4개 국어를 할 줄 알았다. 새날학교 교장 이천영 선생님의 말처럼, 이 아이들에게 일반 한국 아이들이 치르는 통과의례를 강요하지 않고 그들의 장점을 살릴 수 있는 교육을 통해 한국사회의 일원으로 키운다면, 이 아이들은 훗날 대한민국을 위한 일꾼이 될 수 있을 것이다. 서울장신대학교 사회복지학과의 박은미 교수 역시 한국 사회가 성공할 수 있는 키워드 중의 하나로 다문화가정 청소년들을 꼽았다.

"한국에 대한 동경과 긍정적인 기대를 가지고 온 결혼이민자들, 이

광주에 위치한 새날학교. 모두 14개국의 아이들이 이 학교에서 공부했다.

주노동자들의 자녀들을 잘 키워 내는 것, 그게 우리나라가 앞으로 국제사회에서 성공할 수 있는 비결인 것 같아요."

부모를 따라 한국에 온 중간입국자녀들은 아직 한국이 낯설다. 그리고 이 아이들은 한국사회가 자신들을 그다지 환영하지 않는다는 사실을 알고 있다. 한국인이라는 새롭고 낯선 삶의 출발점에 서 있다는 불안도 적지 않을 것이다. 중국 동포인 부모를 따라 한국에 온 새날학교의 학생 권령이가 말했다.

"아무리 안 좋아도 제 조국이니까, 제 집이니까요."

이 아이들은 한국인으로 다시 시작할 준비가 되어 있다. 하지만 우리 사회는 이 아이들을 완전히 받아들이지 않고 있다. '다르다'는 것은 '부족한' 것이 아니고 '나쁜' 것은 더더욱 아니다. 오히려 이 아이들이 가진 다름 속에는 우리가 갖지 못한 어떤 부분이 채워져 있다. 서로 다른 것이 만나 새로운 것을 만들어 내듯, 다문화를 껴안음으로써 대한민국은 더욱 풍성해질 것이다.

185

이 아이들이 스스로 설 수 있도록
우리가 내일을 마련해 주어야 한다.
그러면 이 아이들은 대한민국의 미래가 될 것이다.

PART 3
여러분이 있어 행복합니다

제각각 피부색이 다른 아이들이 아무런 경계 없이 어울려 웃고
장난치고 까불면서도 기차는 멈추지 않았다. 좁은 거실을 빙글빙글
돌아가는 아이들의 기차놀이는 영원히 멈추지 않을 것만 같았다.

지금 유럽이 겪고 있는 이민정책의 진통이 결코 우리의 미래일 수는 없다.
유럽의 문제를 거울삼아 우리만의 새로운 미래를 만들어야 한다.

Chapter **1**

늙어 가는
대한민국의 내일

2006년 1월 2일, 일본의 국립 연구소인 사회보장인구문제연구소는 일본의 어두운 미래를 예견하는 충격적인 보고서를 내놓았다. 서기 3300년에 이르면 일본인이 지구상에서 완전히 사라진다는 내용이었다. 인구 감소 징후를 보이고 있는 일본이 출산율 1.29(2005년 기준), 즉 여성 한 명당 평생 동안 자녀를 평균 1.29명만 낳고 이민 등의 국가 간 이동인구가 없다고 가정할 경우, 2005년 말 현재 1억2,775명인 일본 인구는 2205년이 되면 1천만 명 이하로 줄어들고, 2500년에는 10만 명 정도밖에 남지 않게 된다. 그러다가 3300년이 되면 일본 인구는 0이 된다는 것이다(인구가 줄지 않고 유지되기 위한 출산율은 2.1이다).

일본 사회보장인구문제연구소의 발표에 자극을 받은 유엔미래포럼의 한국본부는 서울대학교 보건대학원의 조영태 교수에게 의뢰해 한국의 인구변화추이를 연구했다. 그런데 조영태 교수의 연구결과는 3300년에 일본이 텅 비게 될 것이라는 예측보다 훨씬 더 암울하게 나타났다.

2800년, 마지막 한국인이 숨을 거두다

2011년 우리나라의 출산율은 1.23을 기록해서 전 세계 222개 나라 가운데 217위를 차지했다. 2010년 출산율 1.21에서 조금 오른 수치이기는 하지만, 인구수를 유지하는 데 필요한 출산율 2.1에는 한참 못 미치고 있다. 산술적으로 계산했을 때, 1쌍의 부부(2명)가 최소한 2명의 자녀를 낳아야만 인구수를 유지할 수 있다. 그런데 현재 우리나라는 4쌍의 부부(8명)가 자녀 5명도 낳지 않고 있는 실정이다. 이처럼 출산율이 저조하면 당장 어떤 문제가 발생할까?

첫 번째 문제로는 사회의 고령화를 들 수 있다. 한 국가의 전체 인구에서 65세 이상의 노인이 차지하는 비율이 7% 이상인 사회를 고령화사회라고 한다. 우리나라는 2008년에 이미 이 비율이 10%를 넘어섰다. 2025년에는 노령인구의 비율이 23%를 넘어설 것으로 추정돼 한국사회는 초고령사회에 진입할 것으로 보인다.

늙어 가는 대한민국의 내일

사회가 유지되고 사회를 움직일 인력이 원활하게 공급되기 위해서는 사망률과 출생률이 균형을 이루어야 한다. 하지만 현재 우리나라는 사망률이 낮고 출생률이 턱없이 낮기 때문에 세계적으로 유례를 찾아보기 힘들 만큼 빠른 속도로 사회의 고령화 현상을 보이고 있다. 이렇게 되면 생산가능인구(15~64세)의 비율이 낮아져 생산활동에 필요한 인력이 부족해지는 문제가 발생하고, 돈을 벌어들이는 인구가 감소하면 소비가 줄고 저축률이 하락하여 사회적 재투자가 원활하게 이루어지지 않게 된다. 그리고 소수의 청장년층이 다수의 노년층을 부양해야 하는 상황에 처하면서 사회복지 측면에서도 구멍이 생길 수밖에 없다. 이는 총체적인 국가경쟁력 약화를 불러오게 된다.

그런데 대한민국의 인구변화에 대해서 연구한 서울대학교 조영태 교수는 우리에게 일본보다 더욱 암울한 전망을 내놓고 있다. 그의 연구에 따르면, 우리나라가 현재의 출산율을 유지하고 다른 변수도 현재와 동일하다고 가정했을 때, 2800년에 마지막 한국인이 숨을 거둔다는 결과가 나온다. 그리고 만약 우리나라의 출산율이 현재보다 낮아진다면, 한국인이 멸종하는 시기는 2305년으로 앞당겨진다. 이번 연구를 의뢰한 유엔미래포럼 한국본부의 박영숙 대표는 앞으로 출산율이 지속적으로 낮아질 경우, 2050년 한국의 인구는 3,400만 명이 되고, 2100년에 1,000만 명, 2200년 80만 명으로 줄어들다가 2305년 완전히 소멸된다고 말했다.

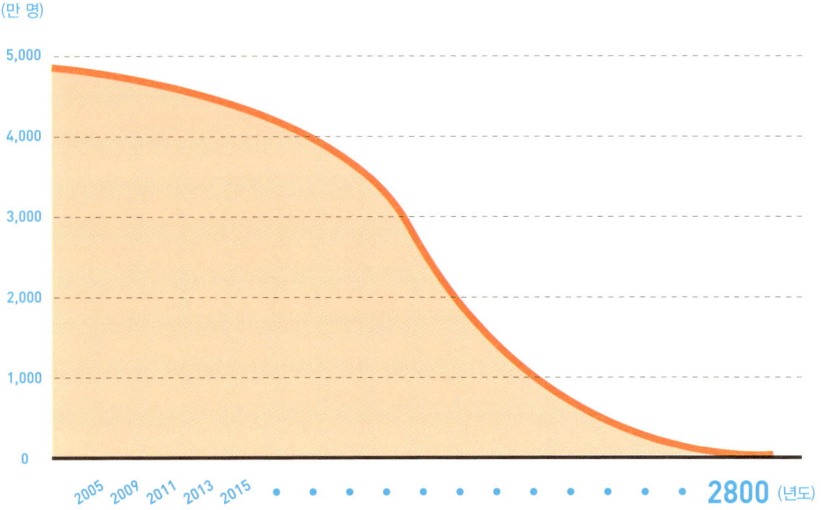

"우습게 들리겠지만, 이 예측은 제 개인 소견이 아니라 세계 30개 국의 미래예측 전문가들이 내놓은 것입니다. 현 상태대로의 출산율과 순혈주의를 고집하면 한국은 일본보다 먼저 자동 소멸하는 국가가 된다는 것이지요."

영국 옥스퍼드대학교의 데이비드 콜만 교수는 전 세계에서 대한민국이 인구 문제로 소멸하는 첫 번째 나라가 될 것이라고 예측했다.

현재 대한민국은 아직 인구 감소 국가는 아니다. 하지만 현재의 상황이 계속된다면 2015년부터 우리나라는 인구 감소 시대에 돌입한다. 그리고 현재의 저출산 분위기 속에서 태어난 아동세대가 어른이 되는

조영태 교수의 연구에 의하면, 2800년에 마지막 한국인이 숨을 거둔다. 출산율이 더 낮아질 경우, 이러한 상황은 2305년에 연출될 수도 있다.

2040년부터 인구 예측 포물선은 급격한 하강곡선을 그리게 된다.

물론 이와 같은 연구와 예측은 어디까지나 산술적인 계산에 의한 전망일 뿐이다. 연구를 진행한 조영태 교수도 실제로 이런 일이 생기지는 않을 것이라고 말한다. 하지만 우리 사회가 지금처럼 고령화 현상이 빠르게 진행되면 지금의 우리 아이들이 어른이 되었을 때는 고령인구 부담 때문에 삶의 질이 현저히 떨어질 수밖에 없다.

이러한 문제를 해결하기 위해서는 현실성 있는 출산장려 정책이 시행되는 동시에 다문화사회의 구성원들이 소외와 차별을 느끼지 않도록 하는 방향으로 사회적 인식이 전환되어야 한다. 그런데 피부색에 따라 외국인을 차별하고 다문화사회의 구성원들을 밀어내는 우리의 편견은 생각지도 못한 곳에서 전혀 다른 방향으로 전개되고 있었다.

대한민국의
새로운 미래

민족의 명절인 한가위, 충북 보은군의 한 가정에서 외국인 며느리 뷔티 씨가 한창 차례 지낼 준비를 하고 있었다. 그녀는 이 시골 가정에 시집온 뒤로 1년에 네 번씩 차례 상을 차린다고 한다. 베트남에서 온 지 3년이 된 뷔티 씨는 이 집의 차례나 제사에서 빠질 수 없는 종갓집 맏며느리다.

우리나라에서 다문화사회가 가장 먼저 시작된 곳은 농촌이었다.

뷰티 씨의 딸 민정이는 이 집안의 맏손녀다.

요즘 우리나라 농촌에는 한 집 건너 한 집에 외국인 며느리가 들어올 정도로 다문화가정이 증가하고 있다. 그래서 외국인 며느리가 낳은 아이가 맏손주가 되는 일이 낯설지 않다. 한국인 여성들이 농촌에 시집오는 것을 꺼리는 세태 때문에 나타나게 된 외국인 며느리의 등장이 새로운 풍속도를 만들어 내고 있는 것이다.

집안 남자들이 절을 하기 위해 기다리는 동안 뷔티 씨가 부지런히 오가며 상에 음식을 올린다. 뷔티 씨는 이제 이 집안의 핏줄과 가풍을 이어가고 있는 한 사람의 며느리일 뿐이다. 며느리로서, 아내로서, 엄마로서 제몫을 다하고 있는 그녀는 비록 우리와 외모가 조금 다르지만, 한국사회를 유지하는 데 중요한 역할을 하고 있다.

집안 남자들의 절이 끝난 뒤, 뷔티 씨가 절을 올린다. 엄마 곁에서 맏손주인 민정이가 절 올리는 시늉을 한다. 신기한 듯 카메라를 쳐다보는 민정이의 눈망울이 참 맑다. 바로 이 아이들의 손에 대한민국의 내일이 달려 있는 것이다.

취재진은 민정이의 할아버지에게 뷔티 씨에 대해서 물었다.

"외국인 며느리, 어떠세요?"

"여기 왔으면 한국 사람이지 베트남 사람이라 하겠어?"

"시골에 계신 분들이 신세대같이 생각이 많이 바뀌셨다고 하더라고요. 아버님도 생각이 많이 바뀌셨어요?"

"그럼 바뀌었지! 옛날 구닥다리, 옛날 풍속……."

사람이 피부색에 따라 다르지 않다는 평범한 진리를 이들은 삶 속에서 체득하고 있었다. 농촌사회의 다문화사회화에 대해서 한양대학교의 임지현 교수는 이렇게 말한다.

"지금 시골을 보면 서울보다 훨씬 더 국제화되어 있습니다. 국제결혼이 활발하게 이루어지고 있고, 굉장히 보수적인 시골의 노인 세대들이 자기 아들이 결혼하려면 외국인 며느리를 받아들일 수밖에 없다는 사실을 실감하게 되었죠. 그리고 외국인 며느리하고 살아 보니까, 좋다. 시골에 사는 사람들의 일상 속에서 이미 단일민족신화가 무너지고 있는 거죠."

출산율 세계 최하위권의 대한민국. 대한민국 내에서도 출산율이 가장 낮은 도시는 어디일까? 뜻밖에도 그곳은 우리나라 제2의 도시 부산이다. 부산은 2010년 3월 현재 0.81의 출산율을 기록했다. 출산율 0.81이라는 수치는 결혼한 5쌍의 부부 가운데 1쌍은 아예 아이를 낳지 않는다는 말이다.

이처럼 출산율이 저조한 부산의 한 산부인과에서 예쁜 공주님이 태어났다. 아빠가 된 김병석 씨가 감격의 눈물을 흘렸다. 오늘 그는 온 우주를 얻은 듯 기쁘고 행복하다. 유리문을 통해 갓 태어난 딸과 인사를 나누는 김병석 씨의 입가에서 미소가 사라질 줄 모른다. 그는 자꾸 벙싯벙싯 웃음이 나면서도 한편으로는 눈시울이 시큰해진다. 마흔두 해를 살아오면서 처음 느껴 보는 감정이다.

늙어 가는 대한민국의 내일

부산의 김병석 씨가 이제 막 태어난 딸을 유리문 너머로 지켜보고 있다.

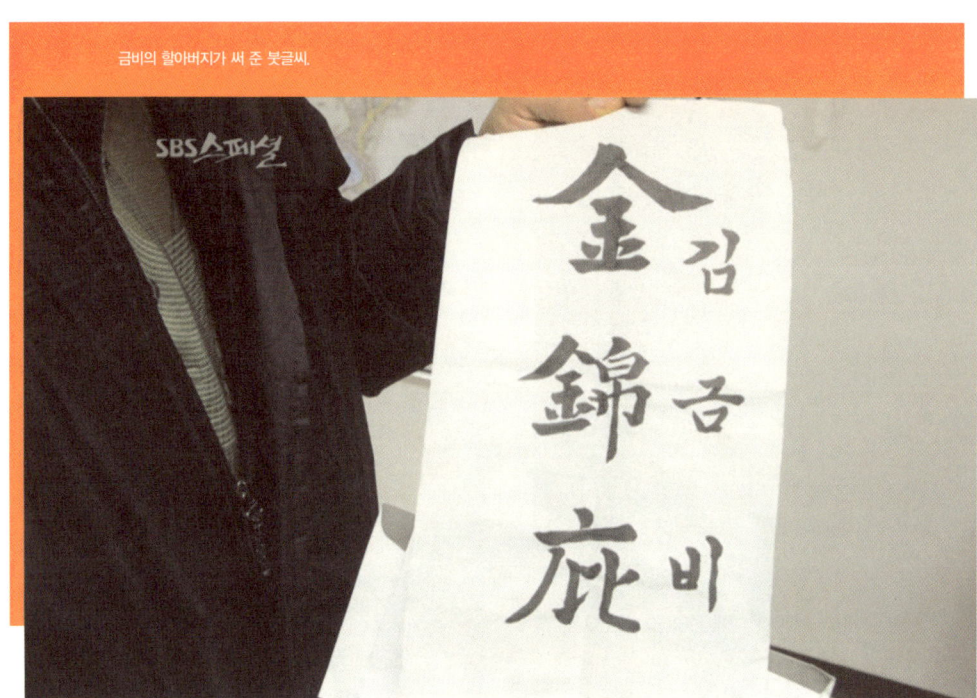

금비의 할아버지가 써 준 붓글씨.

조금 뒤 산고에서 막 빠져나온 엄마의 품으로 새 생명이 다가간다. 엄마는 아기를 품에 안은 채 첫 수유를 했다. 김병석 씨에게 큰 기쁨을 안겨 준 스물여섯 살의 젊은 아내 원티리 씨의 고향은 베트남이다. 원티리 씨는 약간 어눌한 한국말로 말했다.

"우리 아기가 있어서 너무 행복하고 기분 좋아요."

곁에서 김병석 씨가 눈물 섞인 웃음을 지으며 서 있다. 아기를 가운데 두고 마주 보고 있는 김병석 씨와 원티리 씨의 모습이 참 아름답다.

딸이 태어나고 나흘 뒤, 김병석 씨는 서둘러 출생신고를 하러 갔다. 신고서의 빈 칸을 채우고 나서 김병석 씨가 품에서 곱게 접은 한지를 꺼내 우리에게 보여 주었다. 거기에는 딸의 이름 '김금비'가 적혀 있었다. 이름을 지어준 금비의 할아버지가 붓글씨로 정성스럽게 써 준 글씨였다.

4일이 지났지만 김병석 씨는 여전히 딸을 맞이한 기쁨에 차 있었다.

"하늘을 날아갈 것 같습니다. 세상의 모든 것을 다 얻은 것 같습니다."

김병석 씨와 동행한 산후조리원의 영아실에서 금비는 비슷한 시기에 세상에 태어난 친구들과 함께 고이 잠을 자고 있었다. 금비는 같은 날 태어난 아기들과 똑같이 걷고 말하고 뛰며 세상으로 한 발짝씩 나아갈 것이다. 그리고 이 땅에서 다른 아이들과 더불어 대한민국의 미래로 살아갈 것이다.

그들의 현재가 우리의
미래가 될 수는 없다

노르웨이에서 발생한 브레이빅의 테러는 한 광기 어린 극우주의자의 범행이라는 차원을 넘어 유럽 사회가 처한 다문화 현실을 드러낸 상징적인 사건이었다. 제노포비아(Xenophobia)라는 용어가 있다. 이는 '악의가 없는 상대방을 단지 자기와는 다르다는 이유만으로 무조건 경계하는 심리상태'를 일컫는다. 브레이빅 사건은 이민자에 대한 반감이 커지고 극우주의가 대두되는 가운데 제노포비아 현상이 널리 퍼지고 있는 유럽 사회의 극단적인 일면을 드러낸 것이었다. 러시아에서는 스킨헤드 무리가 한 공연장에서 테러를 저질러 10여 명이 죽거나 다치는 사건이 발생했고, 인종주의가 특히 심한 독일에서는 2008년 한 해 동안 외국인 폭행, 외국인 살인 등의 반인종 범죄 발생 건수가 2만 건을 넘었다고 보고되었다. 유럽 사회의 제노포비아 현상은 세계적인 경기불황으로 인해 더욱 가속화되고 있다.

원래 유럽 국가들은 해외 이민에 폐쇄적이었다. 인종적 우월감을 가진 백인 사회는 다른 인종이 자기네 무리에 섞이는 것을 민감하게 여겼기 때문이다. 유럽은 아니지만 백인이 정치와 행정, 경제를 장악한 오스트레일리아는 한때 이민제한법을 만들어 아시아인종의 이민을 법적으로 제한하기도 했다. 이랬던 유럽 국가들과 백인사회가 이민정책을 펼치기 시작한 것은 1960~70년대였다. 이들이 갑자기 이

민정책에 적극적인 입장을 취했던 이유는 자국의 부족한 노동력을 해외인력으로 충당하려는 목적 때문이었다. 영국, 독일, 스페인, 아일랜드, 포르투갈 등은 외국인에게 노동시장을 대폭 개방해서 높은 경제성장률을 기록했다. 이들 국가들은 심지어 불법체류자들에게 체류증을 발급하면서까지 해외인력을 활용했다. 이처럼 외국인근로자들에게 관대했던 것은 자국의 필요성 때문이었다. 우리나라가 경제부흥을 이룬 서울올림픽을 기점으로 외국인근로자를 받아들인 것과 비슷한 이유다.

문제는 경제성장이 무한정 지속될 수는 없다는 사실이다. 경제상황이 악화되면 대거 입국해 있는 외국인근로자들이 큰 짐이 된다. 저임금 해외인력에 밀려 자국민의 일자리가 줄어드는 것도 문제이거니와, 외국인근로자의 가족에게 지출되는 사회비용 역시 국가로서는 큰 부담이다. 특히 유럽의 경우, 외국인근로자의 대부분을 차지하고 있는 무슬림(이슬람교도)들이 세력화되는 것에 대해서 자국민들이 위협을 느끼고 있기 때문에 이민정책은 더욱 큰 어려움에 봉착해 있다.

최근 대한민국 사회에서도 다문화사회에 대한 비판과 반감이 고조되면서, 유럽의 이민자정책 실패 사례를 들어 우리나라도 민족 간, 인종 간 분쟁과 갈등이 본격화될 것이라고 경고하는 목소리가 높아지고 있다. 이런 주장을 하는 사람들은 노르웨이에서 발생한 브레이빅 사건 같은 비극이 우리나라에서도 일어나지 말란 법이 없다는 어두운

유럽 국가들이 누리는 풍요에는
외국인근로자들이 역할이 있었다.

예언을 하기도 한다. 하지만 유럽의 사례를 우리나라에 그대로 대입하는 것이 과연 옳은 일일까?

우리나라에서도 다문화 정책을 비판하는 분위기가 고조되고 있는 것이 사실이다. 원래 우리 국민의 정서가 타 민족과 타 인종에게 폐쇄적이기도 했거니와, 최근에는 인터넷 상에 다문화를 반대하는 카페들이 여럿 생겨나 강도 높은 비판과 우려를 표현하고 있다. 여기에 몇몇 외국인 범죄 사례에서 외국인을 감싸는 식의 판결이 내려지면서 역차별 논란이 커지고 있다. 다문화를 반대하는 움직임이 아직 본격적인 흐름을 타지는 않았지만, 수면 아래에서는 이러한 움직임이 서서히 커지고 있는 상황이다.

하지만 우리나라의 다문화 양상에 비관적인 흐름만 있는 것은 아니다. 단일민족사관을 신봉해 왔던 탓에 타 민족과 타 인종에게 폐쇄적인 태도를 취하면서도 우리는 한국 사람 특유의 정을 바탕으로 사회적 약자의 입장에 있는 외국인근로자와 귀화 외국인, 새터민, 중국과 구소련 지역의 동포들을 감싸고 보호해 왔다. 다문화를 반대하고 비판하는 사람들보다 훨씬 더 많은 숫자의 사람들이 다문화를 받아들이고 있다. 그동안 한민족의 지상과제로 여겨져 왔던 단일민족사관이 퇴색하면서 다문화를 수용하고 포용하는 사람들의 숫자는 앞으로 더욱더 늘어날 것이다. 그리고 2009년에 이르러서야 학교 교육이 다문화와 사회의 다양성 문제를 교과과정에 포함했음에도 불구하고 우리는 빠른 속도로 다문화에 적응해 가고 있다.

단일민족 이념이 민족의 시조로 내세웠던 단군의 신화에서 우리가 기억해야 할 것이 하나 더 있다. '널리 인간을 이롭게 하라'던 홍익인간(弘益人間) 이념이다. 단군신화와 함께 항상 짝을 맞추어 등장하는 이 명제는, 단일민족 이념이 비교적 근래에 탄생한 데 비해 반만 년이라는 시간을 관통하면서 이어져 온 우리 민족의 슬로건이었다. 근대사의 굴곡을 지나며 외세에 대항하고 국론을 모으기 위해 단일민족사관을 채택하기 전까지 오랫동안 우리 민족은 공동체민족사관을 지향해 왔던 것이다.

지금 유럽이 겪고 있는 이민정책의 진통이 결코 우리의 미래일 수는 없다. 저들이 그랬으니 우리도 그럴 것이라는 자세는 대단히 수동적이고 소극적인 미래관이다. 오히려 저들이 겪은 진통과 문제를 거울삼아 우리만의 새로운 미래를 만들어야 한다. 외국인이, 이민족이, 타 인종이 싫다고 돌아서는 나라에서는 자국민 역시 행복을 누릴 수 없다. 차이를 인정하고 다양성을 즐기며 공존을 모색하는 사이 우리 사회의 이기적 심성 또한 치유될 것이다.

Chapter **2**

I Love Korea

　그 오스트리아 청년은 1980년대 후반 갑자기 동양에 이끌려 아시아 행을 결심했다. 하지만 일본은 물가 때문에 경비가 부담스러웠고, 중국은 공산체제여서 여행을 하기가 쉽지 않았다. 그래서 선택한 나라가 한국이었다. 한국에 머무는 동안 한국을 알아야겠다는 생각에 태권도를 배웠다. 그러다 발목을 다쳤다. 종로에 있는 한의원에 가서 침을 맞았다. 한순간에 통증이 사라졌다. 그때 이 오스트리아 청년은 한의학을 공부해야겠다고 마음먹었다.

　오스트리아에서는 경제학을 전공했지만, 그는 한의학을 공부하기 위해 다시 한국을 찾았다. 연세대학교의 한국어학당에서 1년 동안 한국어를 공부하고, 본격적인 한의학을 배우기 전에 강릉대학교에서 동양철학과 한문학을 공부했다. 그리고 대구한의대학교에 입학했다. 외국인을 가르쳐 본 적이 없는 한국의 한의학계가 난색을 표했던 탓에 대구까지 가야 했다. 자생한방병원 국제의료센터 라이문트 로이어 원장의 이야기다.

세계 최초의
외국인 한의사

우리가 진료실을 찾았을 때 로이어 원장은 외국인 환자를 돌보고 있었다. 맥을 짚는 한의사도 외국인, 환자도 외국인인 진풍경이었다. 로이어 원장이 있는 이 병원에는 유독 외국인 환자들이 많이 찾는다. 잠시 뒤에 외국인 부부가 로이어 원장을 찾아왔다. 로이어 원장과 같이 오스트리아 출신인 이 부부는 정기적으로 진료를 받으러 온다고 했다. 로이어 원장은 독일어로 상담을 하지만, 처방전을 쓸 때는 한국어로 쓴다.

2006년 7월 문을 연 국제진료센터는 늘 외국인 환자들로 북적거린다. 로이어 원장은 독일어와 영어, 한국어를 할 줄 알기 때문에 의사소통이 원활할 뿐만 아니라, 로이어 원장의 세심하고 정성을 다하는 치료가 널리 알려졌기 때문이다. 이곳을 찾은 외국인 환자들은 로이어 원장을 통해서 한의학의 효험을 체험하고 신뢰하게 되었으며, 나아가 한국 한의학을 예찬하게 되었다고 한다.

로이어 원장이 외국인이라고 해서 환자가 모두 외국인일 거라고 생각한다면, 그것은 오산이다. 로이어 원장의 실력이 알려지면서 한국인 환자들도 늘어나기 시작했다.

로이어 원장이 우리에게 한의사 면허증을 보여 주면서 말했다.

"유일하게 외국인 이름이 들어가는 한국 한의사 면허증이에요."(우리가 로이어 원장을 처음 만났던 2006년 당시까지만 해도 로이어 원장이 유일한 외국인 한의사였다. 이후 일본 사람인 고바야시 미찌이 원장이 한의사 면허증을 땄다)

로이어 원장이 한국에 온 지 오랜 시간이 지났다. 그는 한국 여성과 결혼해서 두 명의 자녀를 두었다. 하지만 그는 한국을 진정 사랑하면서도 한국인으로 귀화하지 않았다. 한국을 더 크게 생각하는, 미래에 대한 구상이 있기 때문이다. 그의 동료 의사들도 로이어 원장에게 기대하는 바가 크다. 서양인의 시각으로 한의학을 세계화시키는 데 큰 역할을 할 것이라고 생각하기 때문이다.

진료를 마친 뒤 동료 한의사들과 로이어 원장이 어딘가로 향했다. 선배 한의사가 "쏘는 문화를 배워야지. 여기 오면 쏘는 문제를 빨리 배워야 돼."라고 말하자, 로이어 원장이 "쏘라면 쏴야지."라고 응수한다. 국제진료센터의 원장으로 부임하면서 한 턱 내지 않을 수 없게 된 것이다.

회식 자리에서 로이어 원장은 동료들과 막걸리 잔을 기울이며, 얼큰하게 분위기에 취해 갔다.

I Love Korea

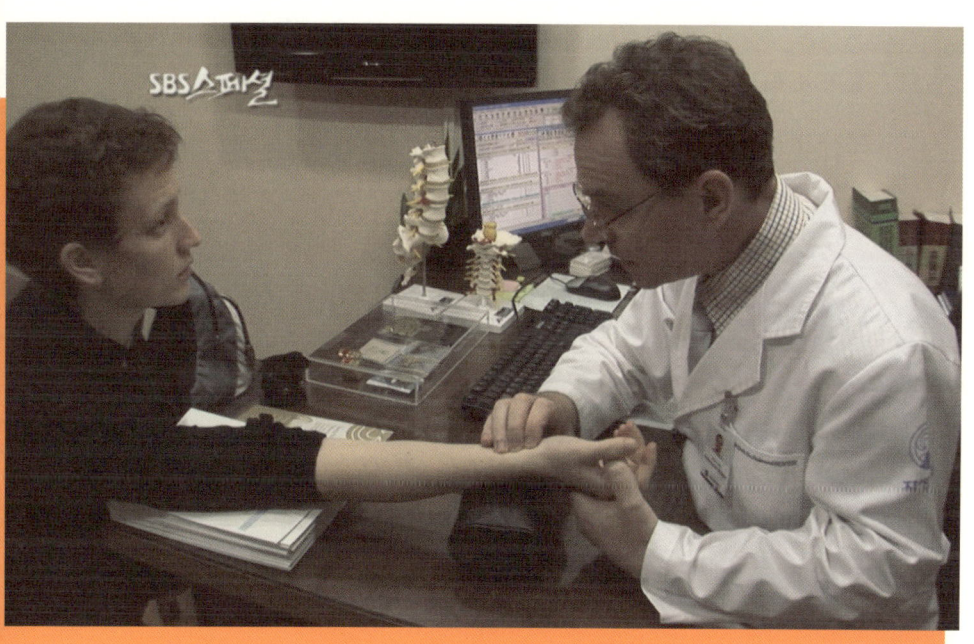
로이어 원장이 외국인 환자를 진료하고 있다.

"아, 달콤하네."

막걸리 맛을 아는 만큼이나 한국 사람들과 흉금 없이 친해지는 방법을 터득한 로이어 원장은, 평소와 달리 회식 자리에서는 매우 유머러스해진다. 항아리에 술이 비자, 종업원을 채근하는 것도 영락없는 한국식이다. 분위기가 한창 무르익자, 술잔을 들고 이곳저곳 자리를 옮기며 다른 이들에게 술을 권하기도 한다. 스스로 70%는 한국 사람이라고 말하는 로이어 원장. 그의 말대로 회식 자리에서 동료들과 어울리는 그의 모습은 여느 한국 중년 남성의 그것이다. 왜 귀화를 하지 않았느냐고 물었을 때 그는 이렇게 대답했다.

"한국 사람하고 결혼했고, 애들도 어떻게 보면 한국 사람이면서 오스트리아 사람이고……. 그러면 저도 자연스럽게 한국 사람이 되는 거예요. 그건 한국 사람이 될 수 있다 없다 문제를 넘어선 거예요. 그거 저한테는 문제도 되지 않아요."

막걸리 파티에 이어 노래방으로 자리가 이어졌다. 로이어 원장은 탬버린 치는 자세도 확실하게 틀이 잡혔고, 한국식 막춤은 타의 추종을 불허한다.

회식 자리가 끝난 늦은 밤, 로이어 원장이 취재진을 자신의 사무실로 이끌었다. 술기운이 오른 그는 평소에는 감추어 두었던 자신의 포부를 내비쳤다. 사무실에 도착해서 그가 우리 앞에 내놓은 것은, 국내 유일의 외국인 한의사로서 한국 한의학의 우수성을 세계에 널리 알리

213

술자리에서 막걸리 맛을 제대로 즐길 줄 아는 로이어 원장은 영락없는 한국 아저씨다.

고자 고민한 흔적들이었다. 그가 내민 논문의 표지에는 '한국 한의학 세계화 추진'이라고 적혀 있었다. 그제야 우리는 로이어 원장이 한국인으로 귀화하지 않은 이유를 알 것 같았다. 한국인으로서 한의학을 알리는 것이 아니라, 외국인으로서 보다 객관적인 입장에서 한의학을 세계에 알리고 싶었던 것이다. '동양의학' 하면 중국 대신 한국을 떠올리게 만들고 싶다는 그는 유럽에 한국 한의학을 알리기 위한 한방병원이나 교육기관을 설립하려는 계획을 세우고 있었다. 그 꿈을 이루기 위한 그의 준비는 치밀하고 현실적이었다.

"외국인이 우리 한국에 와서 정식으로 한의대 다니고 한의사 된 사람, 저밖에 없으니까 제가 대표가 되어서 그 좋은 한의학을 세계에 알려야 되니까……."

우리 고유의 사상의학을 비롯한 한국 한의학을 세계에 알릴 계획을 세운 그는 자신감에 차 있었다. 우리 취재진이 어리석은 질문을 했다.

"우리나라 한의학이 세계에서 통할 거라고 보세요?"

"그렇지 않으면 제가 왜 이런 걸 하겠습니까?"

밤늦도록 그의 이야기는 계속되었다. 로이어 원장은 한국인보다 더 열심히 한국의 우수성을 세계에 알리고자 노력하는, 진정 한국을 사랑하는 외국인이었다.

로이어 원장이 한국 한의학의 세계화를 위해 준비하고 있는 자료들이다.

파란 눈의 '한국인'들

1971년, 김포공항에 도착한 미국인 금발 청년 제프리 존스 씨는 비행기에서 내리자마자 콧속으로 파고드는 향기를 깊이 들이마시며 고향에 온 듯한 푸근함을 느꼈다. 그 향기란 당시 김포공항 주변에 있던 논밭에서 날아온 퇴비 냄새였다. 대개의 서양인이 질색을 하는 그 냄새였다. 아닌 게 아니라 동행한 그의 친구들은 코를 막은 채 계속 기침을 해댔다. 하지만 그는 오히려 그 냄새가 정겨웠다.

'고향에 왔구나. 바로 이곳이구나.'

한국에서 2년을 지낸 뒤 미국으로 돌아가 국제변호사 자격증을 땄다. 미국의 법률사무소에서 근무하며 경력과 실력을 쌓았다. 그랬던 그가 어느 날 한국행을 선언했다. 그리고 한국에서 근무하는 최초의 외국인 변호사가 되었다. 1980년의 일이다.

"아마 전생에 한국 사람이었나 봐요. 우리나라(제프리 존스 씨는 한국을 지칭할 때 반드시 '우리나라'라고 말한다) 사람들 성격 급하잖아요. 하늘에서 기다리다가 못 참고 미국인으로 태어났나 봐요."

1980년 이후 30년 넘는 세월을 줄곧 한국에서 살았다. 그는 한국인으로 귀화하지 않았지만, 절반 이상이 한국 사람이다. 1998년부터 2002년까지는 주한미국상공회의소의 회장직을 맡아서 외국 기업의 한국 투자를 적극적으로 유치했다. 그 공로를 인정받아 훈장을 받기도 했다. 2003년에는 외국인 최초로 우리 정부의 규제개혁위원회 민간위원으로 위촉되었다. 이 역시 외국인 최초였다. 지금은 2000년에 설립한 미래의동반자재단 이사장으로 재직하면서 장학사업과 한국의 실직자들을 돕는 사업을 하고 있다. 제프리 존스 씨는 미국인으로 태어나 미국에서 교육을 받았음에도 불구하고 한국을 삶의 터전으로 삼았다. 애국가를 들으면 가슴이 뭉클해지고 눈물이 난다고 말하는 제프리 존스 씨는 한국 사람도 하기 힘든 자선사업을 하며 한국사회에 기여하고 있다.

현재 한국의 모 법률회사에서 해외투자와 인수합병 업무를 담당하고 있는 미국인 변호사 데이비드 린튼 씨는 한국과의 인연이 가장 깊은 외국인이다. 그의 고조할아버지가 1895년에 한국에 와서 선교활동을 했고, 증조할아버지가 한국에서 50년 동안이나 의료·교육·선교사업을 펼치는 등 그의 가문은 5대째 116년 동안이나 한국과 우정을 나누었다. 데이비드 린튼 씨의 삼촌은 지금 세브란스병원 국제진료센터소장으로 재직하고 있으며, 또 다른 삼촌은 북한 주민에게 결핵약을 보급하는 유진벨재단의 회장으로 일하고 있다(유진 벨은 린튼가에서 최초로 한국과 인연을 맺은 린튼 씨 고조할아버지의 이름이다).

유난스러운 가족력 때문인지, 그가 한국에서 변호사로 일하는 것은 매우 자연스러운 일이었다. 그는 2011년 9월 서울시로부터 명예시민증을 받았다. 그는 시민증을 받으면서 "앞으로도 한국에서 의미 있는 일을 계속하고 싶다."고 밝혔다. 미국의 린튼 가문과 한국의 독특한 우정은 앞으로도 계속될 것이다.

세계인으로부터 사랑받는 나라, 대한민국

K-팝이 일본과 중국, 동남아시아를 넘어 유럽과 미국까지 진출했다. 이제는 한류 열풍이 아니라 한류 태풍이다. 한국의 대중문화가 세계의 청년문화에 깊숙이 파고들면서 한국어를 배우고자 하는 외국인이 늘어나고 있고, 한국어과를 개설하는 외국 대학의 숫자도 빠른 속도로 증가하고 있다. K-팝을 사랑하는 외국 젊은이들의 관심은 한국의 역사와 문화로 확대되면서 새로운 층위의 '한국 팬'을 만들어 낸다. 미국 여성 알리아 존스 씨는 K-팝을 사랑하다가 급기야 2010년 한국에 와서 대구의 모 초등학교 영어선생님이 되었다.

　스웨덴 청년 다비드 아놀드손 씨는 웬만한 서울 사람보다 서울 지리를 더 잘 안다. 서울의 구석구석을 직접 발로 밟으며 돌아다녔기 때문이다. 그러면서 한국 사람들이 살아가는 모습에 반했고, 자연에 반했고, 한국에 반했다. 2002년에 한국에 온 이후 벌써 10년째 그의 서울 여행은 계속되고 있다.

　서울 도보 탐사로 치자면 미국인 로버트 퀼러 씨의 골목 여행을 빼

219

전 세계적으로 한국의 팬이 점점 늘어나고 있다.

놓을 수 없다. 1997년 한국에 온 그는 줄곧 남쪽 지방에서 지내다가 2003년 잡지 만드는 일을 하면서 서울에 왔다. 콘크리트 빌딩 숲으로 변해 버린 서울의 옛 흔적을 찾아 헤맨 것이 그의 걷기 여행의 시작이었다. 이후 10년 가까이 서울의 골목길을 누비며 그 낡고 정겨운 풍경을 카메라와 글로 기록하고 있다.

일본에서 공무원으로 일하고 있는 고구레 마코토 씨는 2006년 처음 한국에 온 이후로 벌써 55번이나 한국을 찾았다. 한국 드라마를 좋아한 것이 계기가 되어 한국을 찾았지만 이제는 한국의 구석구석을 좋아하게 되었다. 그가 여행한 한국 도시만 무려 아홉 곳이다. 한국 사람보다 한국 여행을 더 열심히 한 셈이다. 그는 분명 일본 사람이지만, 그의 일상은 온통 한국으로 채워져 있다. 한국 드라마와 뉴스를 보고, 틈만 나면 한국인 친구와 이메일을 주고받는다. 언젠가 한국에서 장기 체류할 목적으로 현재 한국어 공부에 매진하고 있다.

어느 나라나 그 나라만의 고유한 문화가 있다. 그리고 그 나라만의 특색과 정서를 드러내는 문화는 언제나 매력적이다. 어느 나라나 사람이 살고 있고 그들은 모두 의미 있는 존재며 그들은 이 세상 어느 누구와도 친구가 될 수 있다. 우리나라를 사랑하는 외국인이 많다고 해서 우쭐해 하거나 우월의식을 가져서는 안 된다. 하지만 세계의 많은 사람들이 한국을 찾고 한국의 문화를 즐기며 한국의 친구가 되고 싶어 한다는 사실은 매우 기분 좋은 일이다.

I Love Korea

우리나라는 서울올림픽을 치르기 전까지만 해도 세계에 널리 알려진 나라가 아니었다. 외국의 어린 학생들에게 "코리아를 아느냐?"고 물으면 눈을 동그랗게 떴고, 젊은이들은 "그런 나라도 있냐?"며 되물었다. 한국을 기억하는 사람들은 6·25전쟁에 참전한 국가들의 구세대들에 불과했다. 하지만 이제 한국은 세계의 변방에서 중심으로 자리를 옮겼다. 경제력은 세계 10위권으로 올라섰고, 스포츠계에서도 깜짝 놀랄 만한 실력을 뽐내고 있다. 대중문화는 이미 세계 청년들의 일상 속으로 파고들었다. 한국을 찾은 외국인들은 알면 알수록 매력적인 나라라고 엄지를 치켜든다. 외국인 관광객의 수가 점점 늘어나고 있고, 한국에 상주하는 외국인의 숫자도 점점 불어나고 있다. 그리고 한국을 찾은 외국인들 가운데 어떤 이들은 그들 앞에서 '한국인'임을 내세우기가 무색할 정도로 한국을 사랑하고 한국사회에 기여하고 있다. 오히려 그를 앞에 서면 자연스럽게 이런 질문을 던지지 않을 수가 없다.

'과연 누가 한국인인가?'

Chapter **3**

누가 한국인입니까?

    2001년 이후 해마다 평균 1만 명의 외국인이 한국인으로 귀화하고 있다. 그중에는 결혼이민자가 절대다수를 차지한다. 외국인 며느리들이다. 그런데 이 외국인 며느리를 보는 한국인의 시선이 곱지만은 않다. '못사는' 나라의 처녀와 결혼 못한 한국 농촌 총각의 결합을 두고서, 다문화를 반대하는 사람들은 '매매혼'이라고 격하한다.

    다문화를 반대하는 사람들이 지저하는 것처럼 우리나라 대다수의 외국인 며느리들은 자국의 빈곤에서 벗어나기 위해 한국에 시집온 것이 맞다. 부정할 수 없는 사실이다. 배필을 구하지 못한 한국의 농촌 총각이 외국으로 눈을 돌렸고, 한국에 시집오고 싶어 하는 외국 처녀와 인연이 닿아 가정을 꾸렸다. 분명 이들 사이에는 현실적인 필요성이라는 조건이 존재했다. 그런데 이러한 상황이 왜 다문화를 반대하는 이들의 표적이 되어야 하는 걸까? 다문화를 반대하는 사람들이 내세우는 이러한 논리는 조건 따져서 결혼한 한국인 부부들에게도 그대로 적용해야 하지 않을까?

한국인과 결혼한 결혼이주자들은 가족의 대를 잇고 부모를 봉양하는 며느리로, 가정을 일구고 살림을 책임지는 아내로, 아이들을 키우고 보살피는 엄마로서 역할을 다하고 있다. 생김새가 다르고 한국말이 약간 어눌할지라도 그들은 분명 한국사회를 구성하는 일원으로서 우리와 동등한 권리를 누릴 자격이 있고 의무를 다할 책임이 있다.

그런데 어쩌면 지금까지 한국사회는 다문화사회의 구성원들에게 권리를 누릴 자격은 부여하면서도 의무를 다할 책임은 부여하지 않음으로써 그들을 소외시켜 왔는지도 모른다. 실제로 국방부는 '외관상으로 식별이 명백한 혼혈인'들을 제1국민역 대상에서 제외해 왔다. 국적이 한국이고 신체가 건강하더라도 이들은 현역 사병으로 국방의 의무를 다할 수가 없었다. 하지만 최근 들어 법조항이 개정되면서 다문화가정의 청년들에게도 군에 입대할 수 있는 의무가 부여되었다. 빠르면 2013년부터는 소위 '다문화 사병'들이 국토방위의 최전선에 투입될 것이다. 다문화사회의 구성원들에게 '병역의 의무'는 의무이기 이전에 권리다.

당당한 한국인이 되어 주세요

2011년 7월 12일, 인천에 위치한 해양경찰청사에서는 17명의 해양경찰관에게 특진 계급장을 수여하는 임용식이 거행되었다. 이날 새로운 계급장을 단 경찰관 가운데 유독 눈에 띄는 한 사람이 있었다. 2009년 해양경찰 중국어 특채에 합격해 대한민국 해양경찰이 된 중국 동포 출신 경찰관 김영옥 씨였다. 이날 순경에서 경장으로 1계급 특진한 김영옥 씨는, 아직은 한국 국적을 취득한 해외 동포들에게 싸늘한 시선을 보내는 한국사회에서 어떻게 하면 '한국인'으로 다시 설 수 있는가를 보여 주었다.

중국 지린성에서 태어난 김영옥 경장은 1999년 한국인 남편을 만나 2001년 해남으로 시집왔다. 이때부터 그녀는 '한국인'으로 거듭나기 위한 노력을 게을리 하지 않았다. 2002년 한일월드컵 때는 중국어 문화관광해설사로 활동하면서 한국사회에 적응하는 훈련을 했고, 부족한 한국어 실력을 쌓기 위해 선배 통역사들의 대화를 녹음해서는 되풀이해서 듣기도 했다. 그렇게 2년이 지난 뒤에는 구수한 전라도 사투리를 쓸 정도로 한국어 실력이 부쩍 늘었다. 2004년에는 대불대학교 중국어과에 합격했고, 졸업하면서 교사 자격증까지 땄다.

김영옥 경장이 해양경찰 특채시험에 도전한 것은 남편의 응원 덕분이었다. 100:1의 경쟁을 뚫고 해양경찰관이 된 뒤로 김 경장은 서해에 출몰하는 불법 중국 어선을 단속하는 데 큰 역할을 수행했고, 좌초 위기에 처한 선박에서 15명의 귀한 목숨을 구출할 때에도 제몫을 톡톡히 해냈다. 특채 2년 만에 1계급 특진한 것은 한국에 시집온 뒤 한국사회의 당당한 구성원으로 일어서기 위해 그녀가 기울인 노력의 결과였다.

필리핀 출신 귀화 외국인으로는 처음 대한민국의 경찰 제복을 입은 아나벨 경장은 1997년 한국으로 시집을 왔다. 그녀는 함평경찰서에서 통역 자원봉사를 하다가 외사경찰관 특채에 응시해 대한민국 경찰관이 되었다. 2010년에 한국 경찰관이 된 캄보디아 출신의 라포마라 씨 역시 2005년에 귀화해서 2008년부터 다문화가정지원센터에서 외국인 통역 자원봉사로 활동하는 등 적극적으로 한국사회에 기여하면서 적응하려는 노력을 기울였다.

귀화 외국인으로서 대한민국의 경찰관이 된 사례는 이외에도 꽤 많다. 우리 사회가 다문화사회로 이행되면서 외국인근로자, 귀화 외국인들과 소통하기 위해 귀화 외국인의 역할이 절대적으로 필요하다는 공직사회의 요청에 따라 '특채'를 통해 이미 많은 귀화 외국인들이 경찰관이 되었으며, 앞으로 '귀화 경찰관'의 수는 빠른 추세로 늘어날 것으로 보인다.

2011년 정부는 새터민들이 공직사회에 진출할 수 있는 길을 확대할 것이라고 발표했다. 2011년 5월 현재 정부의 지자체에서 일하고 있는 새터민은 13명에 불과하지만, 북한 이탈 주민에 관한 행정수요가 늘어남에 따라 새터민을 경력직 공무원으로 특별히 채용하는 임용 근거규정이 신설되었기 때문에 앞으로 더욱 많은 새터민들이 공무원으로 일할 수 있는 길이 열린 것이다.

공직사회에 진출함으로써 한국사회의 구성원으로 확실하게 자리매김을 한 이들에게서 발견되는 공통점이 있다. 경찰관이 되고 공무원이 되기 전부터 자원봉사 등의 활발한 사회활동을 펼쳤다는 사실이다. 그들은 일부 한국인이 던지는 눈총을 이겨내고 스스로 한국사회에 적응하고 기여하기 위해 부단한 노력을 기울였다. 그런 가운데 한국어 실력이 좋아진 것은 물론이고, 여러 사람들에게 '눈도장'을 찍음으로써 나중에 공직사회에 진출할 때에 '후한 점수'를 얻을 수 있었다. 특히 작년에 1계급 특진한 김영옥 경장의 경우, 경찰이 되기 전부터 각종 행사에서 문화관광해설사와 지자체의 통역봉사를 하는 등 '억척 아줌마'라는 별명을 얻을 정도로 열심이었다고 한다.

이들의 사례에서 확인할 수 있는 사실은 귀화 외국인 스스로가 한국사회에 동화되려는 노력을 기울이는 그만큼 한국인으로 거듭나는 것이 빨라진다는 점이다. 그들은 자신을 감추지 않았고 웅크리지도 않았다. 당당하게 자신을 드러내고 할 일을 찾았다. 그리고 그들의 가정에서는 '외국인 며느리'가, '외국인 아내'가, '외국인 엄마'가 바깥에서 활동하는 것을 적극적으로 후원했다. 가족의 응원이 있었기에 그들은 한국사회의 구성원으로, 한국인으로 설 수 있었던 것이다.

다문화사회가 점점 커짐에 따라 다문화사회 구성원들의 목소리를 대변할 국회의원이 탄생하는 것도 멀지 않았다. 2006년 우리가 만났던 필리핀계 한국인 주디스 씨가 2008년 총선에서 비례대표 후보로 나선 적이 있으며, 이미 지방의회에서는 몽골계 한국인인 이라 의원이 경기도의원으로 활동하고 있다. 우리와 생김새가 다른 정치인과 공무원, 경찰관들은 이제 특별한 존재가 아니다. 그들은 자신들이 꼭 있어야 하는 자리에서 역할과 책임을 다하고 있다.

2009년, 귀화 외국인으로서는 최초로 고위공직자가 된 한국관광공사 이참 사장도 그들 중의 한 사람이다. 한국의 이미지를 대표하는 한국관광공사의 수장에 서양인인 그가 내정되었을 때, 일각에서는 우려를 표하기도 했다. 하지만 그는 한국관광공사의 역대 수장 가운데 가장 괄목할 만한 성과를 만들어 내며 주위의 우려를 완전히 불식시켰다.

국가대표 대한민국
홍보대사가 된 독일 청년

이참 사장이 한국에 온 것은 1978년 종교 세미나에 참석하려고 방한하면서였다. 그는 한국의 첫인상에 반해 아예 이곳에 눌러앉기로 작정했다. 이듬해인 1979년에는 외국인 웅변대회에 나가 대통령상을 수상하기

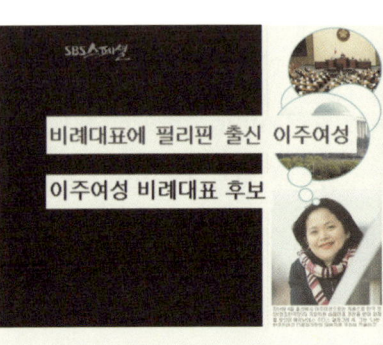

주디스 씨는 2008년 총선에서 비례대표 후보로 출마했다.

도 했다. 이때의 웅변 주제가 '한국은 희망의 나라'였다. 그의 웅변 주제처럼 독일 청년 베른하르트 크반트의 눈에 비친 한국은 엄청난 잠재력을 가진 나라였다. 불교와 유교, 기독교 등 외래문화가 전통적인 한국문화와 조화롭게 공존하는 것을 보면서 그는 앞으로 한국이 국제사회에서 큰 역할을 할 것이라고 예견했다. 그는 지금과는 다른 관점에서 한국의 다(多)문화가 가진 가능성을 발견했던 것이다.

독일 청년 베른하르트 크반트는 한국사회에서 다문화가정이 흔치 않던 1982년에 한국 여성과 결혼했고, 1남 1녀를 낳았다. 한국 다문화가정 1세대인 셈이다. 그리고 1986년 325번째 귀화 한국인이 되었다. 이름도 한국식인 이한우로 바꾸었다. '한국을 돕겠다'(韓佑)는 뜻이었다. 자신의 의지를 이름에 담았던 것이다. 그러다가 2000년에 다시 이름을 이참으로 바꾸었다. 외부인의 입장에서 한국을 도울 것이 아니라, 한국사회의 발전에 적극적으로 참(參)여하겠다는 의지를 다시 한 번 이름으로 드러낸 것이었다.

그는 독일문화원과 한국의 여러 대학에서 독일어 강사로 활동했고, 경영인으로서 한독상공회의소 이사를 역임하기도 했다. 게다가 틈틈이 방송에 출연하면서 한국 사람들에게 자신의 얼굴을 알렸다. 특히 1994년에 방영된 〈딸 부잣집〉이라는 드라마에서 외국인 사위로 등장해 강한 인상을 심었다. 이때부터 그는 방송인으로서도 본격적인 활동을 시작했다.

독일계 한국인 이참은 때때로 날카로운 서양인의 시각으로 한국사회의 문제점을 꼬집었다. 이와 같은 그의 애정 어린 충고가 모아져 『나는 독일제 순 한국인』, 『무한한 가능성을 가진 답답한 나라 한국』 등의 책으로 묶이기도 했다. 이참 사장은 한국어에도 심취했다. 단순히 의사소통을 위해 한국말을 익힌 것이 아니라, 한국어에 담긴 참 의미를 발견하기 위해 깊이 있게 파고든 것이다. 그의 이러한 노력이 쌓여 한국인도 잘 모르는 한국말의 의미와 묘미를 전달하는 수준에까지 이르렀다. 이참 사장만큼 한국에 목말라 하는 한국인은 드물 것이다.

그는 현재 한국관광공사의 사장으로서 한국 알리기에 여념이 없다. 35년 전 한국에 첫 발을 딛었던 독일 청년은 이제 한국이라는 브랜드를 세계에 알리고 판매하는 '국가대표 세일즈맨'이 되었다.

다문화사회의 구성원이자 대한민국 다문화가정 1세대인 그는 지금 한국에서 확대되고 있는 다문화사회에 대해 의미 있는 말을 했다.

"한국에서 독일 제품이 비싼 값에 팔린 것은 독일에 간호사와 광부로 이주 노동한 한국인들이 그 사회에서 공정한 대우를 받고 돌아와 독일 제품을 입으로 홍보한 덕분이었습니다. 우리도 똑같이 외국인근로자에게 잘해 주면 우리 사회에 많은 혜택이 돌아올 것입니다."

한국사회가 외국인근로자들에게 베푸는 만큼 나중에 한국사회로 그 베풂이 돌아오리라는 뜻이다.

그리고 그는 다문화가정의 가족들이 우리 사회의 엄청난 자산이라고 강조했다. 또한 한국사회가 각자가 가진 개성과 다양성이 발휘될 수 있는 열린 사회로 이행될 때, 다시 한 번 대한민국의 엄청난 잠재력이 폭발할 것이라고 덧붙였다. 이참 사장의 말처럼 다문화가정의 2세들을 한국사회에 기여하는 인재로 만들 것인가, 아니면 한국사회에 제대로 적응하지 못하는 2등 국민으로 만들 것인가는 우리의 선택에 달려 있는 것이다.

한국인의 영혼을 가진 사람들

우리 중 누군가는 그들을 인정하지 않았지만, 그들은 지금까지 한국인으로 살아왔고, 앞으로도 한국인으로 살아갈 것이다. 피부색을 두고서 누군가가 자신을 비하해도, 부당하게 차별을 당해서 마음의 상처를 입어도, 학교에서 회사에서 이 사회에서 소외당하고 외로워도, 그래서 한순간 고향 나라로 돌아가고 싶다는 충동에 휩싸여도 그들은 결코 한국인임을 포기하지 않을 것이다. 왜냐하면 그들은 '한국인'이라는 영혼을 가진 사람들이기 때문이다.

단언하건대, 우리가 만난 귀화 외국인들은 한국인보다 한국을 더 사랑하는 진짜 한국인이었다. 외국인근로자들은 진심으로 한국의 친구가 되고 싶어 했다. 다문화가정의 청소년들과 중간입국자녀들은 힘든 시간을 보내면서도 자신의 미래를 대한민국에 걸고 있었다.

다시 한 번 이 질문을 하지 않을 수 없다.

'누가 한국인입니까?'

2006년 우리가 한 초등학교 교실에서 이 질문을 던졌을 때 아이들은 자기 자신을 한국인이라고 믿고 있는 사람이 한국인이라고 답했다. 모습이 달라도 국적이 같고 한국인이라는 믿음이 있으면 우리 한민족이나 다를 바가 없다고 말했다. 한국인 아빠와 필리핀인 엄마 사이에서 태어난 진도의 대영이 역시 마음속으로 자신을 한국인이라고 생각하는 사람이 한국인이라고 말했다. 아이들의 이 순진한 대답이 우리 모두의 대답이기를 희망해 본다.

우리는 코시안의 집에서 하나의 이상향을 보았다. 동남아시아계 부모를 둔 갓난아기가 요람에 누워 있었고, 영광이가 그 아기를 예뻐 죽겠다는 표정으로 내려다보며 얼굴을 어루만졌다. 콩고 출신의 부모에게서 태어난 다니엘이 그 곁에서 아기를 지키고 있었고, 중국계 여자아이가 아기의 눈앞에서 장난감을 흔들었다. 곧 아이들은 기차놀이를 했다. 제각각 피부색이 다른 아이들이 아무런 경계 없이 어울려 웃고 장난치고 까불면서도 기차는 멈추지 않았다. 좁은 거실을 빙글빙글 돌아가는 아이들의 기차는 영원히 멈추지 않을 것만 같았다.

베트남에서 한국으로 시집와 전북 익산시청에서 계약직 공무원으로 일하며 다문화 행정 서비스를 제공하고 있는 누엔티빛 타오 씨는

233

코시안의 집 어린이들이 기차놀이를 하고 있다.

한국인이다. 한국인 남편이 세상을 떠난 뒤 두 아이를 훌륭히 키워 내고 있는 '완득이 엄마' 이자스민 씨는 한국인이다. 우즈베키스탄에서 한국으로 와 외교관이 되겠다는 꿈을 키우고 있는 새날학교 졸업생 최수정 양은 한국인이다. 서울 명동의 북카페 블리스앤블레스에서 바리스타로 일하고 있는 새터민 이은희 양(가명)도 한국인이다. 프랑스에서 온 수다쟁이 아줌마 이다도시도 한국인이다. 일본에서 건너와 "독도는 한국 땅"이라고 외치는 호사카 유지 교수(세종대학교)도 한국인이다. 중국에서 한국으로 와 수많은 봉사활동과 다문화운동을 하고 있는 가수 헤라 원장(다문화예술원)도 한국인이다. 베트남에서 시집와 결혼 이주여성들의 멘토로 활동하고 있는 이아뻥 씨도 한국인이다. '신의 손'이라는 애칭을 결국 자신의 한국 이름으로 삼아 버린 신의손 씨도 한국인이다. 한국의 전통차를 알리려고 책을 두 권이나 낸 영국 출신의 브러더 앤서니 교수(서강대학교 명예교수)도 한국인이다.

다시 한 번 더 질문을 던진다.

'누가 한국인입니까?'

한국을 사랑하는 사람은 한국인이다. 한국에 살면서 한국을 자기 나라라고 생각하는 사람은 한국인이다. 한국사회에 봉사하고 한국인을 위해 희생하는 사람은 한국인이다. 한국의 아름다움을 발견하고 그 아름다움을 지켜나가는 모든 사람이 한국인이다. 이제 우리가 그들에게 요구했던 '민족'이라는 마지막 조건을 버려야 할 때가 왔는지도 모른다. 민족을 고집하는 순간, 우리는 수많은 '한국인'을 잃어버리기 때문이다. 너와 나의 다름을 존중하고, 다양한 생김새와 생각들을 즐기며, 각자가 가진 개성을 인정하는 사회에서 우리의 아이들이, 우리의 미래가 더 아름답게 자라날 것이다. 코시안의 집 어린이들이 만든 기차가 멈추지 않는 것처럼, 우리 사회도 공존과 동행이라는 가치 속에서 앞으로 계속 나아갈 것이다.

Epilogue 우리가 함께 만들 미래

진도 다문화가정의 3남매가 개학을 맞았다. 우리는 둘째 문영이의 학교까지 따라갔다. 문영이는 무엇이 그리도 급한지 교문으로 들어서자마자 취재진을 내버려 두고는 한달음에 저만치 달려가 버린다. 그래도 자신을 향해 어서 오라고 손짓하는 친구들을 향해 달려가는 문영이의 뒷모습이 씩씩하고 흐뭇했다.

"누가 그리 보고 싶은데?"

우리의 질문에 문영이는 함박 미소를 지으며 대답했다.

"다요. 친구들이요."

문영이는 교실에 들어서서는 금세 여자아이들 틈에 파묻혔다. 동네가 뚝뚝 떨어져 있는 시골이라 방학을 하면 친구들 얼굴 보기가 힘들다. 그래서 문영이는 오랜만에 만난 친구들과 어울려 떨어질 줄을 모른다.

우리는 남임선생님에게 개학 첫 수업의 주제를 '한국인'으로 해 달라고 부탁했다. 선생님은 우리의 부탁을 흔쾌히 받아들였다.

선생님이 아이들에게 질문했다.

"한국 사람은 어떤 사람을 말하지?"

까불거리는 한 남학생이 "우리나라 사람이요!" 하고 맥없는 대답을 해서 웃게 만들었다. 이번에는 여학생이 대답한다.

"예의가 바른 사람이라고 생각합니다."

우리는 문영이에게 카메라를 향하고 마이크를 내밀었다. 문영이는

개학을 맞은 문영이가 자신을 향해 손짓하는 친구들에게 달려가고 있다.

수줍은 듯 대답했다.

"다른 나라보다 매운 거 더 좋아하고, 또 어른을 대하는 마음이 더 특별하면서, 친구들이랑 욕하고 싸우면서 더 친해지니까, 더 특이한 사람이라고 생각합니다."

문영이의 말에 싸한 느낌이 가슴을 훑는다. '욕하고 싸우면서 더 친해지는' 사람들. 그래, 그게 한국 사람이다.

필리핀 사람을 엄마로 둔 문영이는 그 일 때문에 마음 상했던 적이 많았다. 한창 이야기를 잘 나누다가도 친구들은 조금만 의견이 틀어지면 "필리핀 사람이 뭘 아냐?"며 문영이의 입을 막고는 했다. 조금 전 교문을 들어선 문영이에게 어서 오라고 손짓하던 그 친구들이었다. 교실에서 철썩 달라붙어 떨어질 줄 몰랐던 그 친구들이었다. 그렇게 잘 지내다가도 또 의견이 틀어지면 친구들은 문영이에게 "야, 필리핀 사람이 뭘 아냐?"라고 말문을 막으려 할지도 모른다. 그래도 다음 날이면 다시 서로를 향해 손짓을 하고, 교실에서 어울릴 것이고, 아무도 모르는 비밀을 함께 나눌 것이며, 그렇게 우정을 키워 갈 것이다. 문영이도, 문영이의 친구들도, 우리도 싸우면서 더 친해지는 한국 사람이니까.

우리는 5년 전 〈단일민족의 나라, 당신들의 대한민국〉을 만들던 당시에 만났던 필리핀 출신 귀화 한국인 주디스 씨를 2011년에 다시 만났다. 작고한 한국인 남편이 복용하던 약봉지들을 냉장고에서 꺼내 보이며 슬픈 표정을 짓던 5년 전의 주디스 씨에게는 그 사이 많은 일이 있었다. 2008년에는 비례대표 후보로 국회의원 선거에 출마했다. 그녀는 선거 유세를 하며 떨리는 목소리로 "나는 한국 국민입니다. 저의 아이들도 한국 국민입니다."라고 외쳤다. 안타깝게 정치인의 뜻을 펼치지는 못했지만, 그 일을 계기로 주디스 씨는 한국에서 더 많은 사회활동을 할 수 있었다.

그리고 그녀는 방글라데시 출신 한국인 남편을 만나 재혼을 했다. 주디스 씨가 보여 준 사진에는 방글라데시인 아빠, 필리핀인 엄마, 한국인인 두 아이가 다정하게 포즈를 취하고 있었다. 두 아이도 새아빠를 무척 좋아하고 따른다고 했다. 하지만 아직도 그녀의 아이들은 필리핀에 있다. 벌써 6년째다. 피부색이 다른 것을 두고 차별하거나 소외시키지 않는 필리핀이 아직은 두 아이에게 더 좋을 것이라고 생각하기 때문이다. 아이들 이야기를 하자, 5년 전에 그랬던 것처럼 또 눈시울을 붉힌다.

주디스 씨가 다른 사진 한 장을 더 보여 주었다. 주디스 씨의 두 아이가 피부색과 생김새가 제각각인 아이들 틈에서 한복을 곱게 차려입고서 포즈를 취한 사진이었다.

"그래도 아이들은 자신이 한국인이라는 사실을 단 한 번도 잊어 본 적이 없어요."

방글라데시 출신 한국인 남편과 저녁상을 차렸다. 메인 요리는 김치찌개다. 새로 끓인 것이 아니고, 점심 때 먹던 걸 다시 데워 먹는다. 필리핀 출신 아내도, 방글라데시 출신 남편도 식성과 식사 차리는 습관이 영락없이 한국인이다. 어서 이 가정에 아이들의 웃음소리가 채워지기를 기원했다. 주디스 씨의 두 아이가 이 땅에서 어떠한 편견에도 상처받지 않고 살아갈 날을 기다려 본다.

혹시 스탑크랙다운의 기타리스트 소모뚜 씨를 기억하는가? 스페인 출신 백인 남성 벤저민 샤퍼 씨가 한국 사람들로부터 환대를 받는 모습과 비교되면서 안타까운 심정을 토로하던 미얀마 출신의 외국인근로자, 소모뚜 씨. 사실 그는 한국에 돈을 벌기 위해 온 것이 아니었다. 소모뚜 씨는 원래 조국 '버마' (지금은 국가 이름이 미얀마로 바뀌었지만, 소모뚜 씨는 여전히 자신의 조국을 '버마'라고 부른다)의 민주화를 위해 싸우던 '투사'였다. 그는 민주화운동을 하던 인사들을 체포하려는 독재정권의 손아귀를 피해 한국으로 망명한 것이었다.

하지만 그는 한국에 온 뒤로 오랫동안 난민 자격을 얻지 못한 채 불법체류자로 살아야 했다. 그런데 지난 2011년 3월에 드디어 대한민국의 대법원으로부터 난민으로 인정한다는 최종 판결을 받았다. 그는 이제 보다 떳떳한 자격으로 한국에 머물며 한국의 외국인근로자와 전 세계 2억 명 이주민들의 인권을 위해 활동할 것이라고 자신의 뜻을 밝혔다.

소모뚜 씨는 외국인근로자를 위한 '이주노동자 방송' 대표 겸 PD로, 조국의 민주화를 위한 모임 '버마행동'의 한국 총무로, 다국적 노동자밴드 스탑크랙다운의 리더로 활발하게 활동하고 있다. 그의 이러한 활동을 인정해 한국의 대표적인 민간 인권단체인 한국인권재단에서는 그에게 인권홀씨상을 수여하기도 했다.

그의 싸움이 언제 끝날지는 모른다. 조국 미얀마의 민주화를 위한, 세계 이주노동자의 인권을 위한 그의 싸움이 오래지 않아 끝나기를 바란다.

2011년 2월, 러시아인 아빠와 한국인 엄마 사이에서 태어난 다니엘은 중학교 졸업을 맞았다. 애국가를 부르는 남학생들 사이에서 다니엘은 들뜬 표정으로 목청을 높이고 있다. 강당 가장자리에 모여 있는 학부모들 사이에서는 아빠와 엄마가 아들의 모습이 대견하다는 듯 미소를 짓고 있었다.

이 날, 다니엘은 단상에 나가 우등상을 받았다. 딱딱하게 굳은 자세로 손을 뻗어 상을 받는 다니엘은 약간 긴장한 듯 보였다. 누가 이 아이를 외국인이라고 말할까? 또래 친구들 사이에 서 있는 다니엘은 그저 이국적으로 잘생긴 한국 학생일 따름이다.

"고등학교 들어가면 머리가 싹둑싹둑 잘리는데 그거만 빼고 다 괜

찮은 것 같아요."

중학교 3년은 다니엘에게 정체성을 찾아 준 소중한 시간이었다. 이제 다니엘은 누가 "너는 러시아 사람이니까 〈독도는 우리 땅〉 부르지 마!"라고 트집을 잡아도 씩 웃어넘길 수 있을 만큼 자랐다. 누가 뭐래도 상관없다. 나는 한국인이니까.

다니엘은 자신이 외국 사람처럼 생긴 한국인이라는 사실을 부끄러워하지 않는다. 오히려 자신이 러시아 사람의 특징과 한국 사람의 특징을 동시에 가지고 있다는 사실을 자랑스러워한다. 자신 속에 내재해 있는 이 다양성을 사랑하게 되었다. 다니엘이 지닌 이 다양성은 이 소년이 가진 가능성이면서 우리의 다문화사회가 가진 가능성이기도 하다.

아빠가 말했다.

"이제는 아빠, 믿는다."

"알았어."

아빠와 다니엘이 포옹했다.

다니엘이 지나 온 유년 시절이 순탄하지만은 않았다는 걸 알기에 아빠 역시 그동안 마음이 많이 아팠다. 하지만 그 시간들을 견디며 한국의 고등학생으로 자라난 아들을 보며 이제는 마음이 조금 놓인다. 아빠는 다니엘이 청년이 되었을 무렵에는 한국사회도 자신의 아들을 보다 넓고 깊게 품어 주리라 기대해 본다.

다니엘은 앞으로 다가올 자신의 미래를 기쁜 마음으로 기다리겠다는 생각에 많이 들떠 있었다. 친구들과 어울려 기념사진을 찍는 다니엘의 표정이 너무나도 밝았다. 지켜보는 우리마저 기분 좋게 만드는 그런 표정이었다.

우리가 함께 만들 미래

이 아이들은 한국인이기에 이 한국 땅에서
미래를 키울 것이다.
이 아이들의 미래를 빼앗는 순간,
대한민국의 미래 역시 사라질지도 모른다.

"외국에서 온 친구들과 같이 하면 우리나라는 축구를 더 잘할 거예요."

"흑인 친구는 랩을 하고 나는 노래를 부르고, 백인 친구는 춤을 추면 인기가 많을 거예요."

"친구와 같이 우주에 가서 태극기를 꽂을 거예요."

"외국인 친구를 사귀면 재미있을 것 같아요."

| 책을 펴내며 |

'백인≧황인＞흑인＝동남아인'

이 집합관계는 황인종, 흑인종, 백인종을 바라보는 우리나라 사람의 인식을 간단하게 도식화한 것이다. 여기에 이의를 달 사람이 얼마나 될까?

2006년, SBS스페셜 〈단일민족의 나라, 당신들의 대한민국〉을 기획하던 중 이 메모를 써 놓고 나는 그 절묘한 함축성에 스스로 감탄했다. 그러면서 한편으로는 씁쓸한 감정이 가슴 한 구석을 훑고 지나가는 것을 느껴야 했다. 당시 나는 미국 연수를 마치고 막 돌아와 시간과 공간의 공백을 메우려 한국사회에 새삼 적응하고 있던 중이었다. 그랬기에 약간의 이방인 같은 시각을 갖고 있었고, 그 덕에 무감할 수도 있었던 이슈에 문제의식을 가졌는지 모른다. 세상 어느 나라 사람이 스스로를 다른 인종의 아래에 두는 겸손함과 까닭 없는 우월감을 동시에, 이리도 확연하게 가질 수 있을까?

우리 한국 사람은 당연히 황인종에 속한다. 또한 우리는 5천 년을 이어온 자랑스러운 단일민족이다. 지난 수십 년 동안 이러한 사실에 의문을 가진 사람은 거의 없었다. 그래서 '한민족'과 '대한민국 국민'은 동의어였다. 우리는 민족과 국민을 구분할 필요가 없었다. 단군의 한 자손이기에 우리는 남이 될 수 없었다. 그랬기에 '우리'와 '남'의 경계가 언제나 선명했다. 다른 인종은 우리 민족이 될 수 없고, 한국인도 될 수 없었다.

그런데 이 철옹성 같은 믿음이 흔들리고 있다. 2012년 현재, 한국에 거주하는 외국인(귀화 외국인, 다문화가정의 자녀들, 외국인근로자, 중간입국자녀, 외국인 거주지를 포함한다)은 130만 명에 이르고, 결혼하는 10쌍 중 1쌍 이상이 국제결혼을 하고 있다. 그리고 다문화가정에서 태어난, 우리와 생김새와 피부색은 약간 다르지만 분명히 한국인인 아이들과 청년들이 학교에서 공부를 하고 직장에 다니고 군대에 입대하며 대한민국 국민으로서의 권리와 의무를 다하고 있다. 다민족, 다문화 출신의 한국인들이 '우리들의 대한민국'을 만들어 가고 있는 것이다. 이것은 곧 닥쳐올 미래의 일이 아니라 지금 이 시대에 진행되고 있는 현실이다. 그리고 이러한 현실은 시간이 흐를수록 더욱더 강하게 나타날 것이다. 우리가 이 흐름을 거부하려고 한다면 갈등과 대립을 피할 수 없을 것이다.

그리고 또 한 가지 다문화사회를 거부해서는 안 되는 분명한 이유가 있다. 한국은 1.23이라는 세계 최저 수준의 출산율을 보이고 있다. 이 추세대로라면 한국의 인구는 계속 줄어들어 2200년에 500만 명이 되고 2800년에는 지구상에서 한국인이 완전히 사라질 것이라고 UN 미래사회보고서는 전망하고 있다. 우리가 '단일민족'이라는 순혈주의를 고집해서는 안 되는 현실적인 이유가 분명한 것이다. 선택의 여지가 없다.

이제 이런 질문을 우리 자신에게 해 보아야 한다.

'누가 한국인인가?'

다민족, 다문화 국가, 다른 민족, 다른 나라 출신 사람을 한국인으로 받아들이고, 그들이 대한민국의 국민으로서 어울려 살아갈 때 우리는 어두운 미래의 그늘에서 벗어날 수 있다. 그리고 그들과 함께 어울려 살아가면서 다양성과 공존의 미덕을 배우는 동안 우리 사회는 더욱 풍성한 결실을 맺게 될 것이다. 이 책에서 이야기하고 있듯이, 단일민족 이념과 순혈주의는 다른 민족, 다른 나라 사람들만 배격하고 차별하는 것이 아니라, 수많은 편 가르기 속에 우리 자신조차도 배격하고 차별하는 아이러니를 낳았다. 다문화사회를 수용하고 포용한다는 것은 어떻게 보면 우리 자신을 회복하는 길인지도 모른다.

SBS스페셜 〈단일민족의 나라, 당신들의 대한민국〉과 〈당신들의 대한민국 2: 10대의 초상〉은 이런 이야기를 하고 싶어 했다. 그리고 그 못다 한 이야기가 이 책에 담겨 있다.

SBS 프로듀서 민인식

부록_다문화가족지원센터 현황

	지역		기관명	연락처
1	서울 (23)	종로구	사회복지법인 대한불교 조계종 사회복지재단	02-764-3521
2		용산구	학교법인 상명대학교 산학협력단	02-792-9175
3		성동구	학교법인 한양대학교	02-3395-9445
4		광진구	사회복지법인 사랑의 집	02-458-0666
5		동대문구	학교법인 경희학원	02-957-1073
6		중랑구	사회복지법인 대한불교 조계종 사회복지재단	02-435-4149
7		성북구	재단법인 천주교 서울대교구 노동사목위원회	02-953-0468
8		강북구	학교법인 성신여자대학교 산학협력단	02-945-7381
9		도봉구	학교법인 덕성학원	02-990-5432
10		노원구	사회복지법인 삼육재단	02-979-3502
11		은평구	학교법인 환원학원	02-376-3731
12		서대문구	이화여자대학교 산학협력단	02-375-7530
13		마포구	사회복지법인 홀트아동복지회	02-3142-5027
14		양천구	사단법인 나눔과보람 복지회	02-2699-6900
15		강서구	사단법인 강서사회복지회	02-2606-2037
16		구로구	학교법인 성공회대학교 산학협력단	02-869-0317
17		금천구	학교법인 숙명여자대학교 산학협력단	02-803-7743
18		영등포구	사회복지법인 대한불교 조계종 사회복지재단	02-846-5432
19		동작구	학교법인 중앙대학교 산학협력단	02-599-3260
20		관악구	학교법인 서울대 산학협력단	02-883-9383~4
21		강남구	사회복지법인 밀알복지재단	02-3414-3346
22		송파구	대한예수교 장로회총회 한국장로교복지재단	02-403-3844
23		강동구	사단법인 가정을 건강하게 하는 시민들의 모임	02-473-4986
24	부산 (8)	진구	사단법인 한국여성의전화 부산여성의전화	051-817-4313
25		동래구	학교법인 박영학원	051-506-5757
26		남구	부산광역시 여성회관 (직영)	051-610-2027
27		북구	재단법인 부산여성가족개발원	051-330-3407
28		해운대구	사단법인 부산건강가정운동본부	051-702-8002
29		사하구	사단법인 동아대학교 한국인재뱅크	051-205-8345
30		사상구	부산광역시여성문화회관 (직영)	051-320-8344
31		기장군	기장군도시관리공단	051-723-0419
32	대구 (7)	동구	학교법인 대구가톨릭대학교	053-961-2202~3
33		서구	사회복지법인 가정복지회	053-341-8312
34		남구	사회복지법인 함께하는 마음재단	053-474-2324
35		북구	사회복지법인 선린복지재단	053-327-2994
36		수성구	사회복지법인 홀트아동복지회	053-764-4317
37		달서구	학교법인 계명대학교	053-580-6819
38		달성군	달성군여성문화복지센터	053-637-4374
39	인천 (8)	중구	재단법인 천주교 인천교구 유지재단	032-889-2594
40		남구	사회복지법인 일현	032-875-1577
41		연수구	재단법인 대한예수교장로회(대신)총회유지재단	032-851-2740
42		남동구	사단법인 거룩한 빛 나눔	032-467-3912
43		부평구	사단법인 인천 여자 기독교 청년회(YWCA)	032-511-1800
44		계양구	사단법인 빈곤퇴치운동본부	032-552-1016
45		서구	학교법인 인천대학교산학협력단	032-569-1540
46		강화군	재단법인 천주교 인천교구 유지재단	032-933-0980
47	광주 (4)	서구	사단법인 건강가정연구개발원	062-369-0003
48		남구	학교법인 초당대학교광주교육원	062-351-5432
49		북구	사단법인 이주가족복지회	062-363-2963
50		광산구	사회복지법인 가톨릭광주사회복지회	062-954-8004

	지역		기관명	연락처
51	대전(4)	동구	학교법인 우송대학교	042-630-9945~6
52		중구	대한불교 조계종 만불선원	042-223-7959
53		유성구	학교법인 혜화학원	042-252-9997
54		대덕구	사회복지법인 대전가톨릭사회복지회	042-639-2664
55	울산(4)	중구	학교법인 울산대학교 산학협력단	052-248-6007~8
56		남구	학교법인 울산대학교 산학협력단	052-274-3185
57		동구	사단법인 울산광역시 아름다운 다문화가정공동체	052-232-3357
58		울주군	울주군시설관리공단	052-263-6881
59	경기(29)	수원시	재단법인 천주교 수원교구 유지재단	031-257-8504
60		성남시	학교법인 신구대학 산학협력단	031-740-1175
61		고양시	대한적십자사 고양지구협의회	031-938-9801
62		부천시	재단법인 부천문화재단	032-320-6391
63		안양시	학교법인 대림대학 산학협력단	031-389-8045
64		안산시	사단법인 안산 여자 기독교 청년회(YWCA)	031-439-2209
65		용인시	사단법인 우원기념사업회	031-323-7133
66		의정부시	학교법인 경민대학 산학협력단	031-878-7880
67		남양주	학교법인 정의학원 서울여자대학교	031-590-8214
68		평택시	재단법인 평택복지재단	031-650-2660
69		광명시	사단법인 한국지역복지봉사회	02-2060-0453
70		시흥시	사회복지법인 복음자리	031-319-7997
71		군포시	사회복지법인 천주교 수원교구 사회복지회	031-395-1811
72		화성시	학교법인 고운학원 수원대학교	031-267-8785
73		파주시	학교법인 신흥대학	031-949-9164
74		이천시	학교법인 여주대학	031-631-2260
75		구리시	학교법인 한양여자대학 산학협력단	031-556-4139
76		김포시	김포시청 (직영)	031-980-5498
77		포천시	학교법인 성광학원	031-532-2065~66
78		광주시	재단법인 양실회	031-798-7141
79		안성시	사회복지법인 성결원	031-677-7191
80		의왕시	사회복지법인 천주교 수원교구 사회복지회	031-429-4782~4
81		양주시	학교법인 경민대학	031-848-5622
82		오산시	행복한이주민센터	031-372-1335
83		여주군	학교법인 여주대학 산학협력단	031-886-0327
84		양평군	사단법인 양평가정상담소	031-775-5951
85		동두천시	학교법인 한북대학교	031-863-3822
86		가평군	학교법인 한림대학 산학협력단	070-7510-5876
87		연천군	학교법인 신흥대학	031-835-1107
88	강원(14)	춘천시	사회복지법인 홀트아동복지회 강원사무소	033-251-8014~5
89		원주시	사회복지법인 성불복지회	033-765-8135
90		강릉시	강릉문화원	033-648-3019
91		동해시	한국가정법률상담소 동해지부	033-535-8378
92		태백시	한국가정법률상담소 태백지부	033-554-4003
93		속초시	사단법인 속초 여자 기독교 청년회(YWCA)	033-638-3523
94		홍천군	홍천문화원	033-433-1925
95		횡성군	사회복지법인 원주가톨릭사회복지회	033-344-3459
96		영월군	사회복지법인 원주가톨릭사회복지회	033-372-4769
97		평창군	사회복지법인 대관령 한우복지재단	033-332-2063, 2064
98		정선군	사회복지법인 원주가톨릭사회복지회	033-562~3-3458
99		철원군	사단법인 철원군새마을회	033-452-7800
100		양구군	양구군청 (직영)	033-481-8663

	지역		기관명	연락처
101	강원(14)	인제군	사회복지법인 인제군 사회복지협의회	033-462-3651
102	충북 (11)	청주시	사단법인 충북이주여성인권센터	043-223-5253
103		충주시	사단법인 명덕	043-856-2253
104		제천시	제천외국인한글학교	043-643-0050
105		청원군	재단법인 천주교 보혈선교회	043-293-8887
106		보은군	아사달	043-544-5422
107		옥천군	사단법인 결혼이민자가족지원연대	043-733-1915
108		영동군	하늘그림영동결혼이민가족센터	043-745-8489
109		증평군	증평군청 (직영)	043-835-3572
110		진천군	사회복지법인 진천군사회복지협의회	043-537-5431
111		괴산군	참가정운동실천본부	043-832-1078
112		음성군	사단법인 글로벌투게더음성	043-873-8731
113	충남 (15)	천안시	학교법인 백석대학교	070-7733-8334~5
114		공주시	사회복지법인 감리회 태화복지재단 공주기독교종합사회복지관	041-856-0883
115		보령시	재단법인 대한구세군 유지재단	041-936-8506
116		아산시	사회복지법인 중부재단	041-548-9779
117		서산시	서산지역사회 교육협의회	041-664-2710
118		논산시	논산이주여성센터	041-735-5810
119		금산군	사단법인 금산문화원	041-750-3990
120		연기군	사단법인 조치원 YWCA	041-862-9337~8
121		부여군	부여군청 (직영)	041-835-2480
122		서천군	사회복지법인 천은복지마을	041-953-1911
123		청양군	학교법인 충남도립 청양대학 산학협력단	041-944-2333
124		홍성군	사회복지법인 충남 기독교 사회봉사회	041-634-7432
125		예산군	사단법인 행복나무	041-334-1368
126		태안군	태안군청 (직영)	041-670-2396
127		당진군	사회복지법인 삼육재단	041-358-3673
128	전북 (14)	전주시	사단법인 아시아이주여성	063-243-0333
129		군산시	군산시청	063-443-0053
130		익산시	학교법인 원광대학교 산학협력단	063-850-6046
131		정읍시	사회복지법인 한울안	063-531-0309
132		남원시	사단법인 한울안운동	063-635-5474
133		김제시	김제시청	063-545-8506
134		완주군	학교법인 우석대학교 산학협력단	063-290-1298
135		진안군	새마을운동 진안군 지회	063-433-4888
136		무주군	사회복지법인 삼동회	063-322-1130
137		장수군	장수군자원봉사센터	063-352-3362
138		임실군	사회복지법인 섬김복지재단	063-642-1837
139		순창군	사회복지법인 원산원	063-653-8180
140		고창군	사단법인 참사랑누리	063-561-1366
141		부안군	부안군청 (직영)	063-580-3941~3
142	전남 (20)	목포시	재단법인 천주교 광주대교구 유지재단	061-278-4222
143		여수시	여수시청 (직영)	061-690-7160
144		순천시	학교법인 순천성심학원 순천제일대학	061-742-1050
145		나주시	나주다문화가족지원센터	061-331-0709
146		광양시	학교법인 청암대학 산학협력단	061-797-6832
147		담양군	학교법인 전남대학교 국어문화원	061-383-3655
148		곡성군	곡성군청 (직영)	061-362-5411
149		고흥군	새마을운동 고흥군 지회	061-832-5399
150		보성군	사단법인 한국청소년육성협회	061-852-2664

지역		기관명	연락처
151		화순군	사단법인 로뎀나무	061-375-1057
152		장흥군	재단법인 대한예수교장로회총회(합동측)유지재단	061-864-4810
153		강진군	재단법인 천주교 사랑의씨튼수녀회	061-433-9004
154		해남군	사회복지법인 두성재단	061-534-0017
155		영암군	이주여성센터	061-463-2929
156	전남(20)	무안군	사단법인 무안군장애인협회	061-452-1813
157		함평군	사단법인 함평군 새마을회	061-324-5431
158		영광군	사단법인 영광군새마을회	061-353-7999
159		장성군	사회복지법인 가톨릭광주사회복지회	061-393-5420
160		완도군	사단법인 행복한쉼터	061-555-4100
161		진도군	사회복지법인 가톨릭광주사회복지회	061-544-9993
162		포항시	포항시 여성문화회관	054-270-5556
163		경주시	경주시 평생학습문화센터	054-743-0770
164		김천시	사회복지법인 직지사회복지재단	054-439-8279
165		안동시	재단법인 천주교안동교구 유지재단	054-853-3111
166		구미시	사단법인 아름다운 가정만들기	054-464-0545
167		영주시	사회복지법인 천주교 안동교구 사회복지회	054-634-5431
168		영천시	학교법인 성덕대학	054-334-2882
169		상주시	사회복지법인 대한예수교장로회총회 한국장로교복지재단	054-531-1342~4
170		문경시	학교법인 문경대학	054-554-5591
171	경북	경산시	경산시청 (직영)	053-816-4071
172	(20)	의성군	사회복지법인 천주교 안동교구 사회복지회	054-832-5440
173		청송군	사회복지법인 천주교 안동교구 사회복지회	054-872-4320
174		영양군	사회복지법인 대한예수교장로회총회 한국장로교복지재단	054-683-5432
175		영덕군	영덕군청	054-730-7383
176		청도군	학교법인 대구대학교	054-373-7421
177		성주군	성주군청 (직영)	054-931-0537
178		칠곡군	학교법인 선목학원	054-975-0834
179		예천군	사회복지법인 천주교 안동교구 사회복지회	054-654-4321
180		봉화군	봉화군청 (직영)	054-673-9023
181		울진군	울진군청 (직영)	054-789-5414
182		창원시	창원시청 (직영)	055-225-3951
183		창원시마산	사단법인 마산 여자 기독교 청년회(YWCA)	055-245-8746
184		진주시	진주시청 (직영)	055-749-2325
185		통영시	재단법인 마산교구 천주교회 유지재단	055-640-7780~2
186		사천시	사단법인 사천 여자 기독교 청년회(YWCA)	055-832-0345
187		김해시	학교법인 인제대학교	055-329-6349
188		밀양시	사단법인 대한적십자사 경남지사	055-356-8875
189	경남	거제시	사단법인 거제 여자 기독교 청년회(YWCA)	055-682-4958
190	(17)	양산시	양산시 외국인 노동자의 집	055-382-0988
191		함안군	새마을운동 함안군 지회	055-583-5430
192		고성군	고성군청 (직영)	055-673-1466
193		남해군	사단법인 남해문화원	055-864-6965
194		하동군	하동군청 (직영)	055-880-6473
195		산청군	사단법인 산청여성가족지원센터	055-972-1018
196		함양군	사단법인 함양문화원	055-962-2013
197		거창군	재단법인 거창기독교청년회(YWCA)	055-945-1365
198		합천군	합천군청 (직영)	055-930-4738
199	제주(2)	제주시	사단법인 제주외국인평화공동체 부설 제주이주민센터	064-712-1140
200		서귀포시	제주외국인 평화공동체 부설 서귀포이주민센터	064-762-1141

다른 게 나쁜 건 아니잖아요

초판 1쇄 펴낸 날 2012년 3월 12일
초판 6쇄 펴낸 날 2015년 9월 14일

지은이	SBS스페셜 제작팀
펴낸이	백종민
주간	정인회
편집	최새미나·정아름·김정현·이양훈
디자인	윤주열·강찬숙
마케팅	서동진·박진용·최보배
관리	장희정·봉미희
펴낸곳	꿈결
등록	2011년 12월 1일(제318-2011-000145호)
주소	서울시 영등포구 당산로 50길 3 꿈을담는빌딩 6층
대표전화	1544-6533
팩스	02) 749-4151
홈페이지	www.ggumtl.co.kr/ggumgyeol
이메일	ggumgyeol@naver.com
블로그	blog.naver.com/ggumgyeol
트위터	twitter.com/ggumgyeol
페이스북	facebook.com/ggumgyeol

ⓒ SBS, 2012

ISBN 978-89-967831-2-1 03330

이 책은 저작권법에 따라 보호받는 저작물이므로,
저작자와 출판사 양측의 허락 없이는 일부 혹은 전체를 인용하거나 옮겨 실을 수 없습니다.

책값은 뒤표지에 있습니다.
꿈결은 (주)꿈을담는틀의 자매회사입니다.